Christine von Pufendorf

Einfache Lesemandalas

Wörter lesen

PERSEN

Die Autorin

Christine von Pufendorf – geboren 1974 – hat in Deutschland Sonderpädagogik studiert und arbeitet seit 2003 in der Schweiz an einer heilpädagogischen Schule. Sie ist verheiratet und Mutter von 2 Kindern.

Gedruckt auf umweltbewusst gefertigtem, chlorfrei gebleichtem und alterungsbeständigem Papier.

1. Auflage 2020

Grafik: Nataly Meenen (Covergrafik und Mandalaformen), Julia Flasche (Aufgabenpiktogramme), Barbara Gerth (Kopfzeilenpiktogramme)
Satz: Satzpunkt Ursula Ewert GmbH, Bayreuth

ISBN: 978-3-403-20550-0

www.persen.de

Digitales Zusatzmaterial:
farbigen Lösungsblätter zur Selbstkontrolle

Vorwort

Lesen zu lernen ist oft ein mühsamer Prozess. Schüler mit sonderpädagogischem Förderbedarf tun sich hier besonders schwer. Um die Schüler beim Üben nicht unnötig zu frustrieren ist einfaches und dennoch interessantes Material hilfreich. Mandalas haben einen hohen Motivationswert. Die Aufgabenstellungen sind leicht erklärt, immer gleich und ermöglichen so rasch selbständiges Lernen.

Das Lesen wird bei den folgenden Übungen mit dem Ausmalen verbunden, was den meisten Schülern großen Spass macht. Nebenbei werden Konzentration und Ausdauer geschult und das Ausmalen der Mandalas wirkt zudem beruhigend.

Die Arbeitsblätter lassen sich besonders flexibel im Unterricht einsetzen und motivieren Ihre Schüler zum Lesen üben. Zunächst müssen die Schüler erlesen, welche Farbe bestimmte Wörter bekommen und die entsprechenden Felder dann in der passenden Farbe ausmalen. Die Wortauswahl startet mit einsilbigen Wörtern, geht über zu zweisilbigen Wörtern, Wörtern mit Doppelkonsonanten und häufigen Wörtern. So macht das Lesen lernen Spaß!

Name: ______________________________

Lies die Wörter.

Male die Felder richtig an.

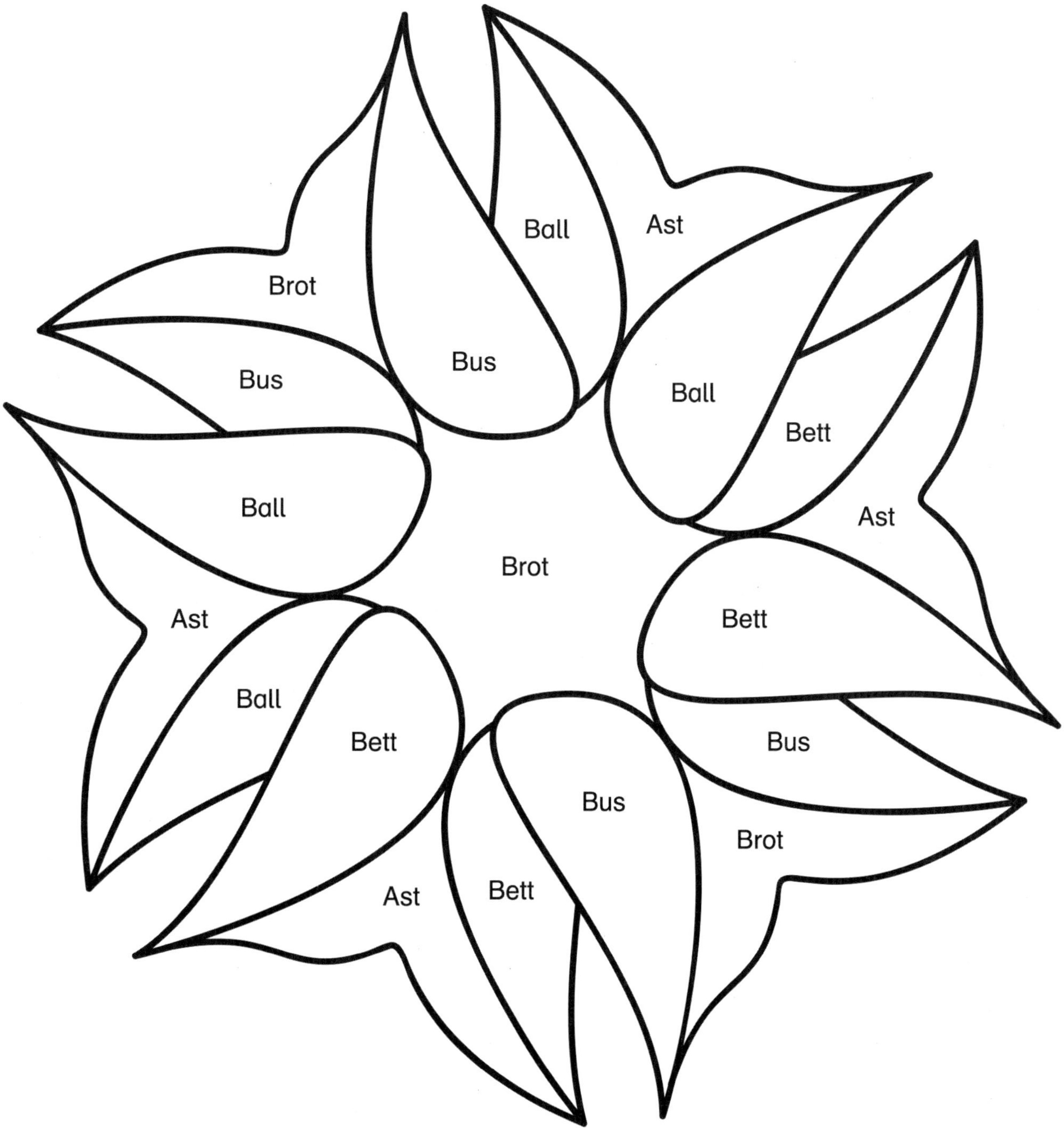

Ast rot

Brot blau

Bus grün

Bett braun

Ball gelb

Name: ____

Lies die Wörter.

Male die Felder richtig an.

Durst **rot**

Dorf **blau**

Fell **grün**

Fest **braun**

Hof **gelb**

Name: ______________________________

Lies die Wörter.

Male die Felder richtig an.

alt	bunt	dumm	hart	hell
rot	blau	grün	braun	gelb

Name: ______________________________

Lies die Wörter.

Male die Felder richtig an.

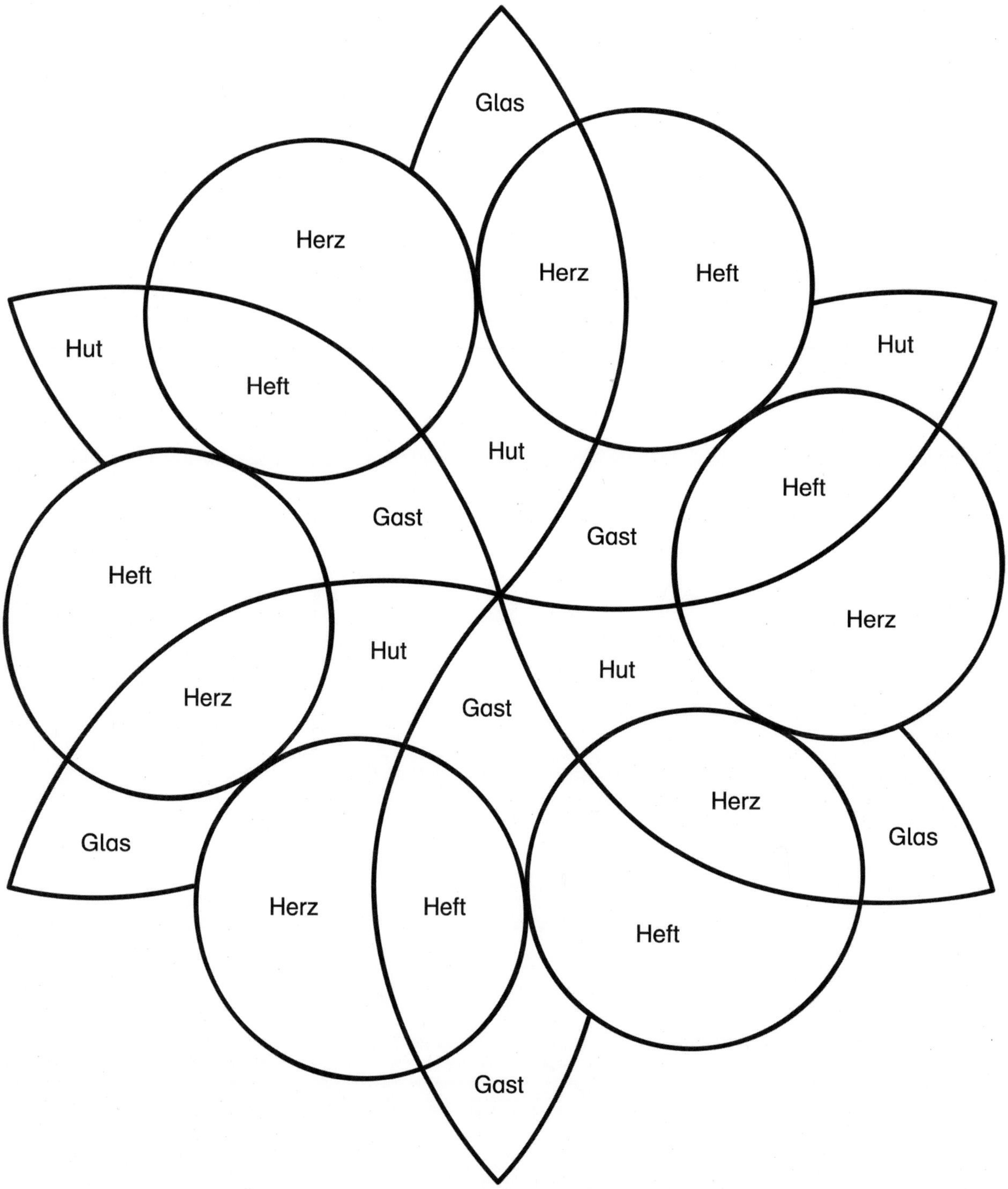

Hut rot | **Gast blau** | **Glas grün** | **Heft braun** | **Herz gelb**

Name: ______________________________

Lies die Wörter.

Male die Felder richtig an.

Kopf rot | **Not blau** | **Null grün** | **Obst braun** | **Mann gelb**

Name: ____

Lies die Wörter.

Male die Felder richtig an.

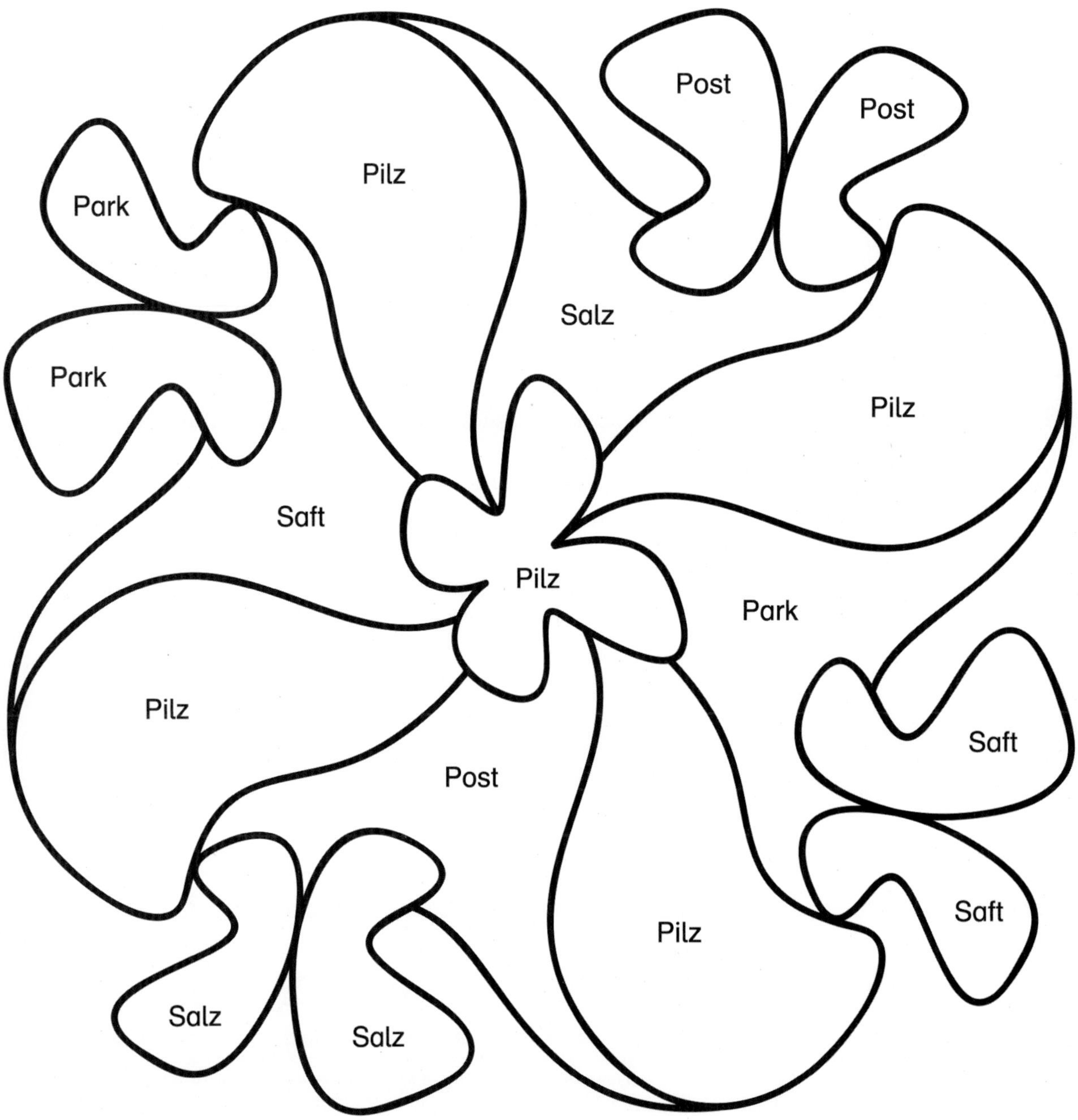

Pilz rot | **Park blau** | **Post grün** | **Saft braun** | **Salz gelb**

Name: ____________________

Lies die Wörter.

Male die Felder richtig an.

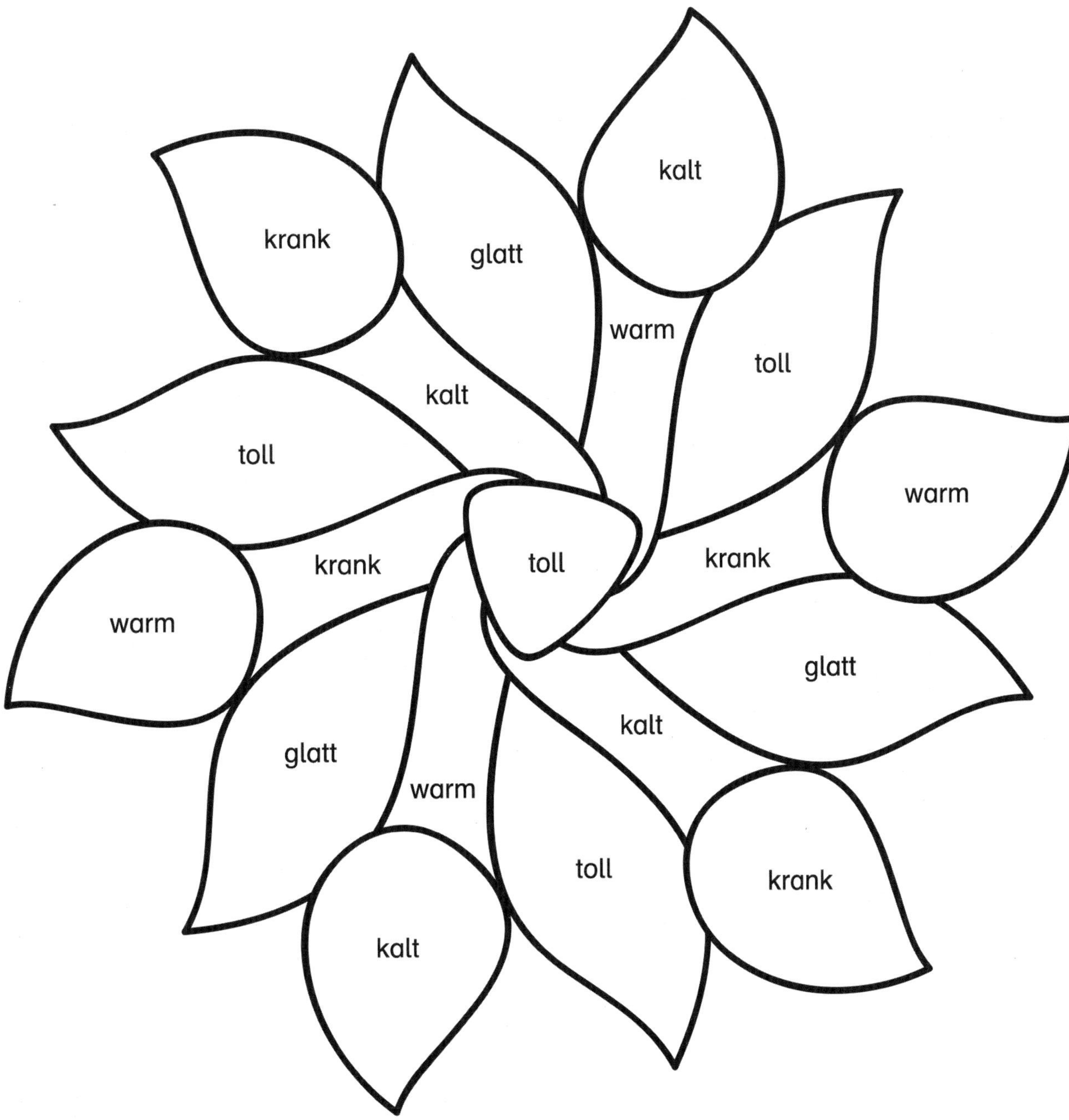

kalt **rot** | **krank** **blau** | **glatt** **grün** | **warm** **braun** | **toll** **gelb**

Name: ______________________________

Lies die Wörter.

Male die Felder richtig an.

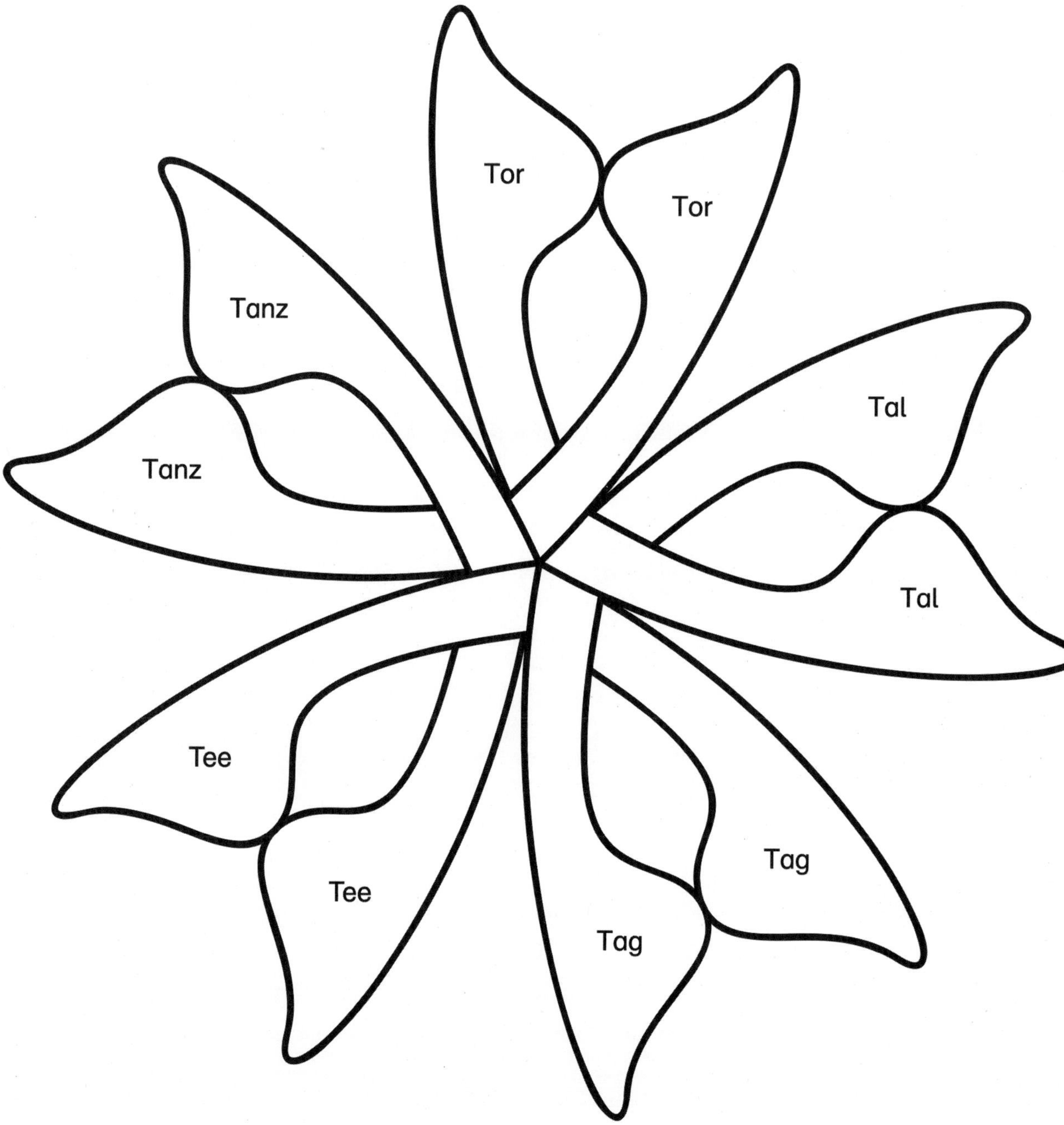

Tag rot **Tal blau** **Tor grün** **Tanz braun** **Tee gelb**

Name: ______________________________

Lies die Wörter.

Male die Felder richtig an.

Weg rot | **Wut blau** | **Welt grün** | **Zug braun** | **Zelt gelb**

Name: ____________________

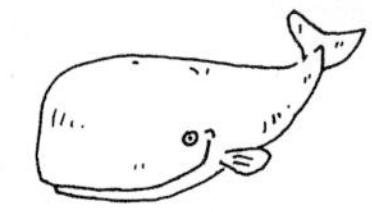

Lies die Wörter.

Male die Felder richtig an.

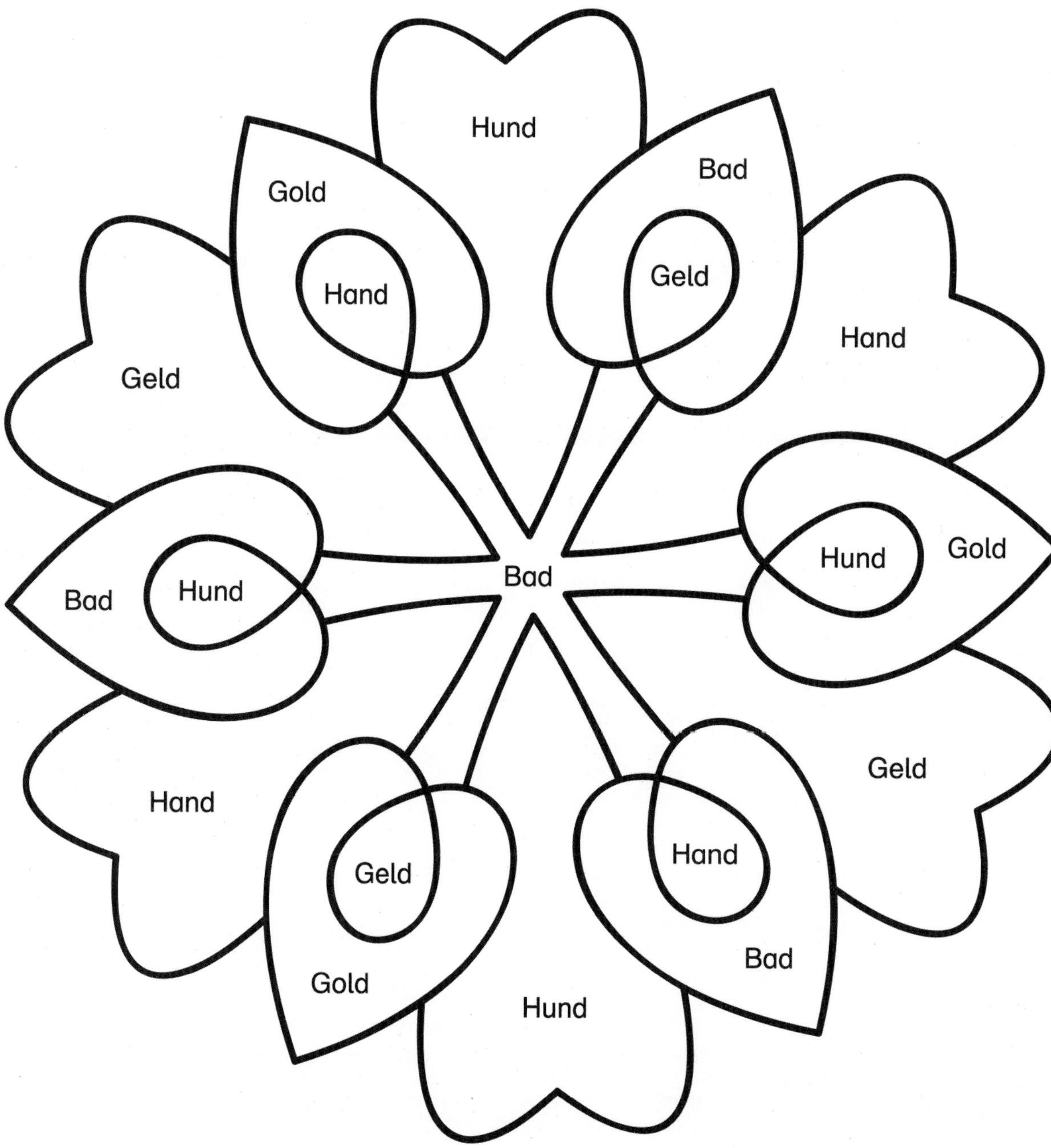

- **Bad rot**
- **Gold blau**
- **Geld grün**
- **Hand braun**
- **Hund gelb**

Name: ______________________________________

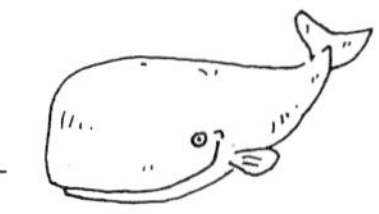

Lies die Wörter.

Male die Felder richtig an.

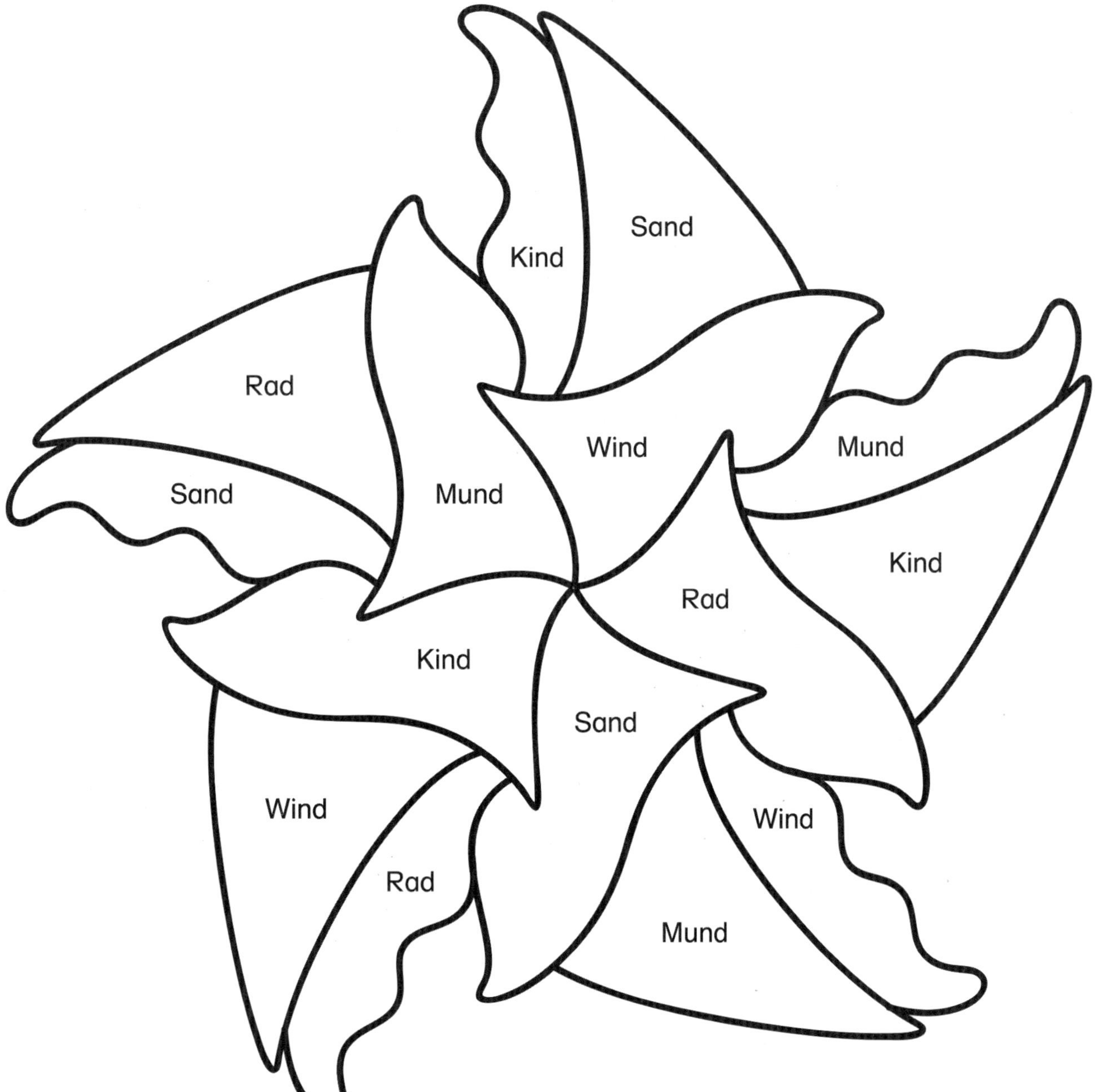

Kind rot | **Rad blau** | **Mund grün** | **Sand braun** | **Wind gelb**

Name: ______________________________

Lies die Wörter.

Male die Felder richtig an.

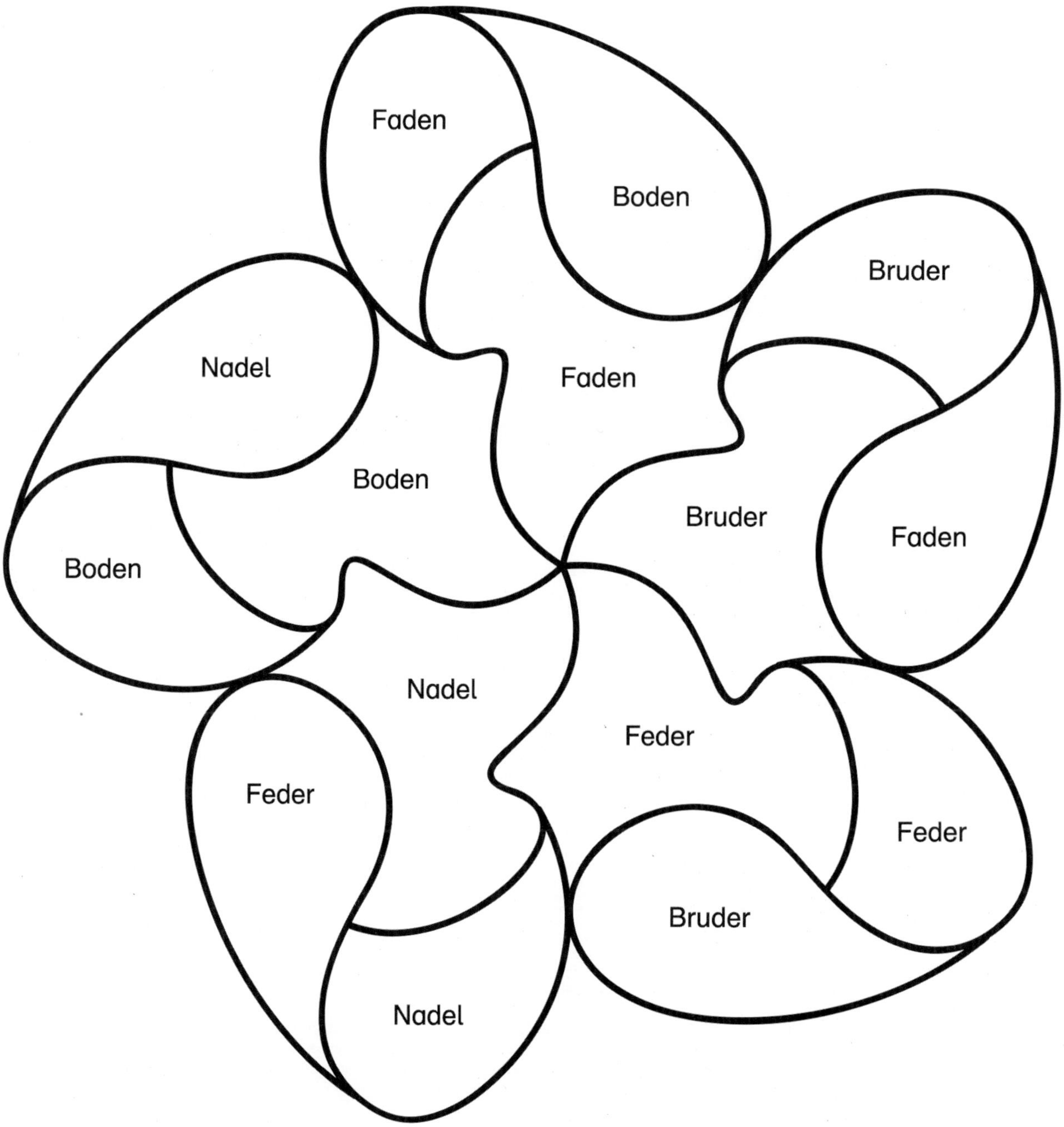

Boden rot | **Faden blau** | **Feder grün** | **Bruder braun** | **Nadel gelb**

Name: ______________________________

Lies die Wörter.

Male die Felder richtig an.

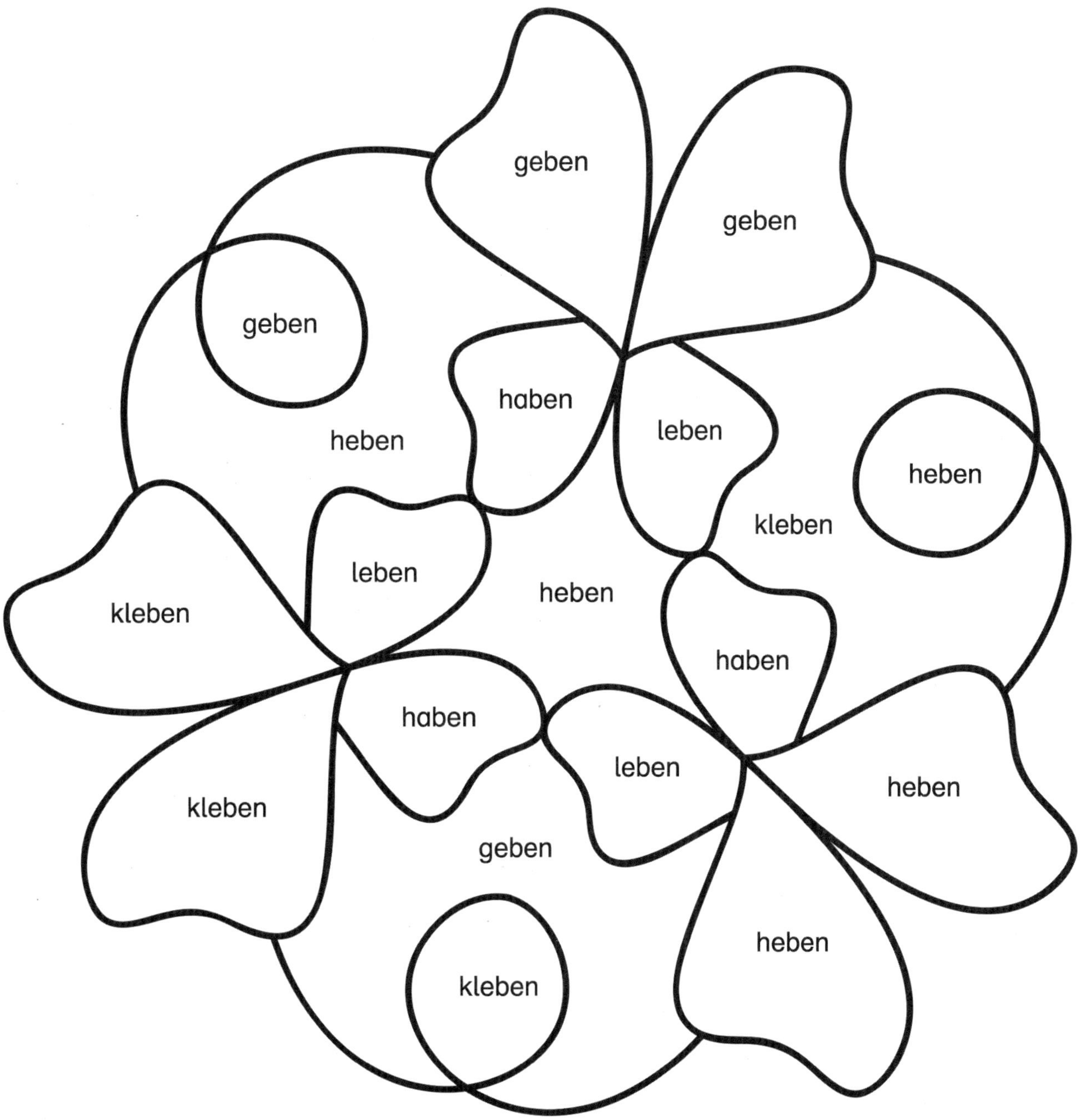

geben rot | **heben blau** | **kleben grün** | **leben braun** | **haben gelb**

Name: ______________________________

Lies die Wörter.

Male die Felder richtig an.

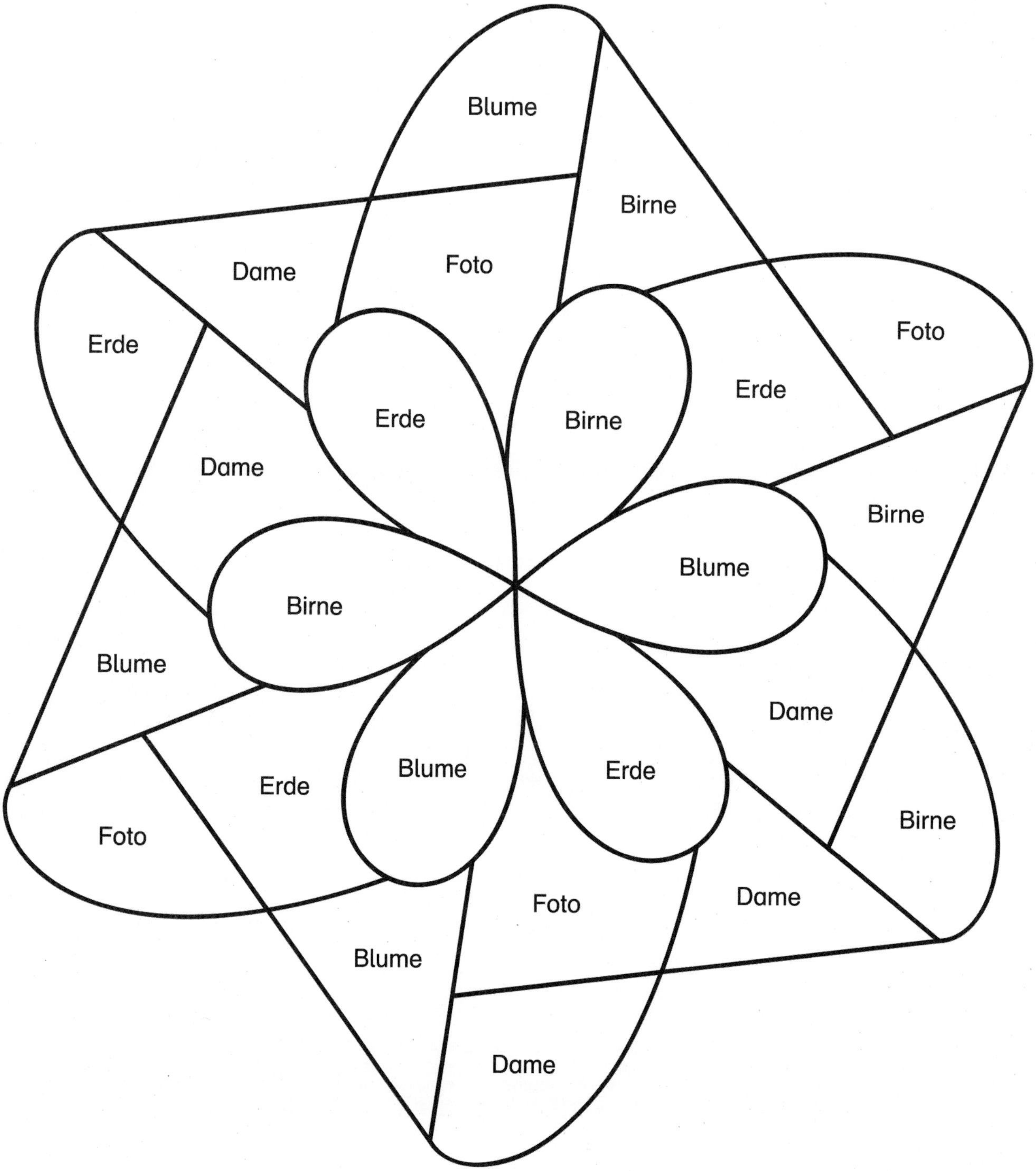

Birne rot | **Dame blau** | **Erde grün** | **Foto braun** | **Blume gelb**

Name: ____

Lies die Wörter.

Male die Felder richtig an.

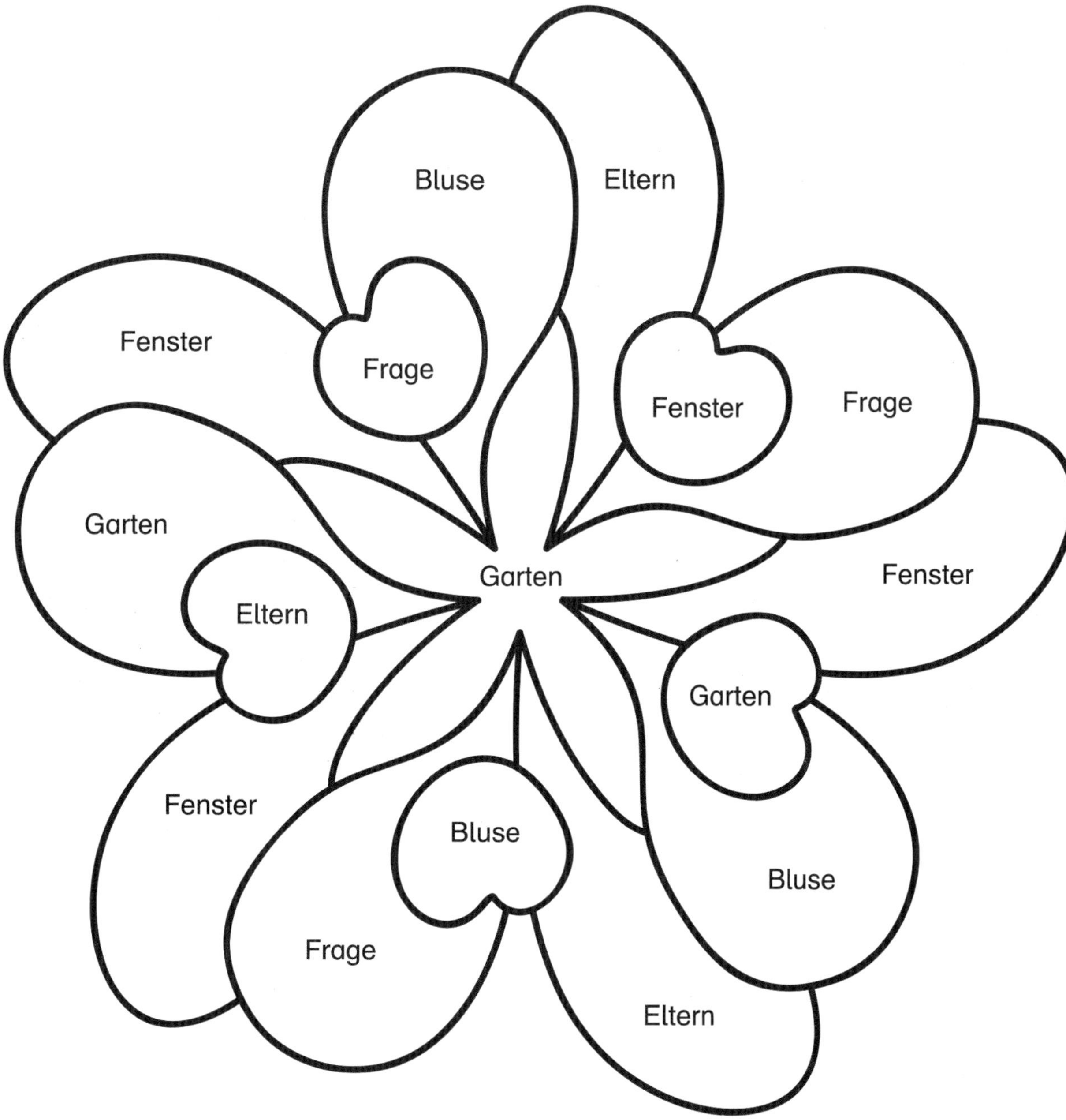

Bluse rot | **Eltern blau** | **Fenster grün** | **Frage braun** | **Garten gelb**

Name: ______________________________

Lies die Wörter.

Male die Felder richtig an.

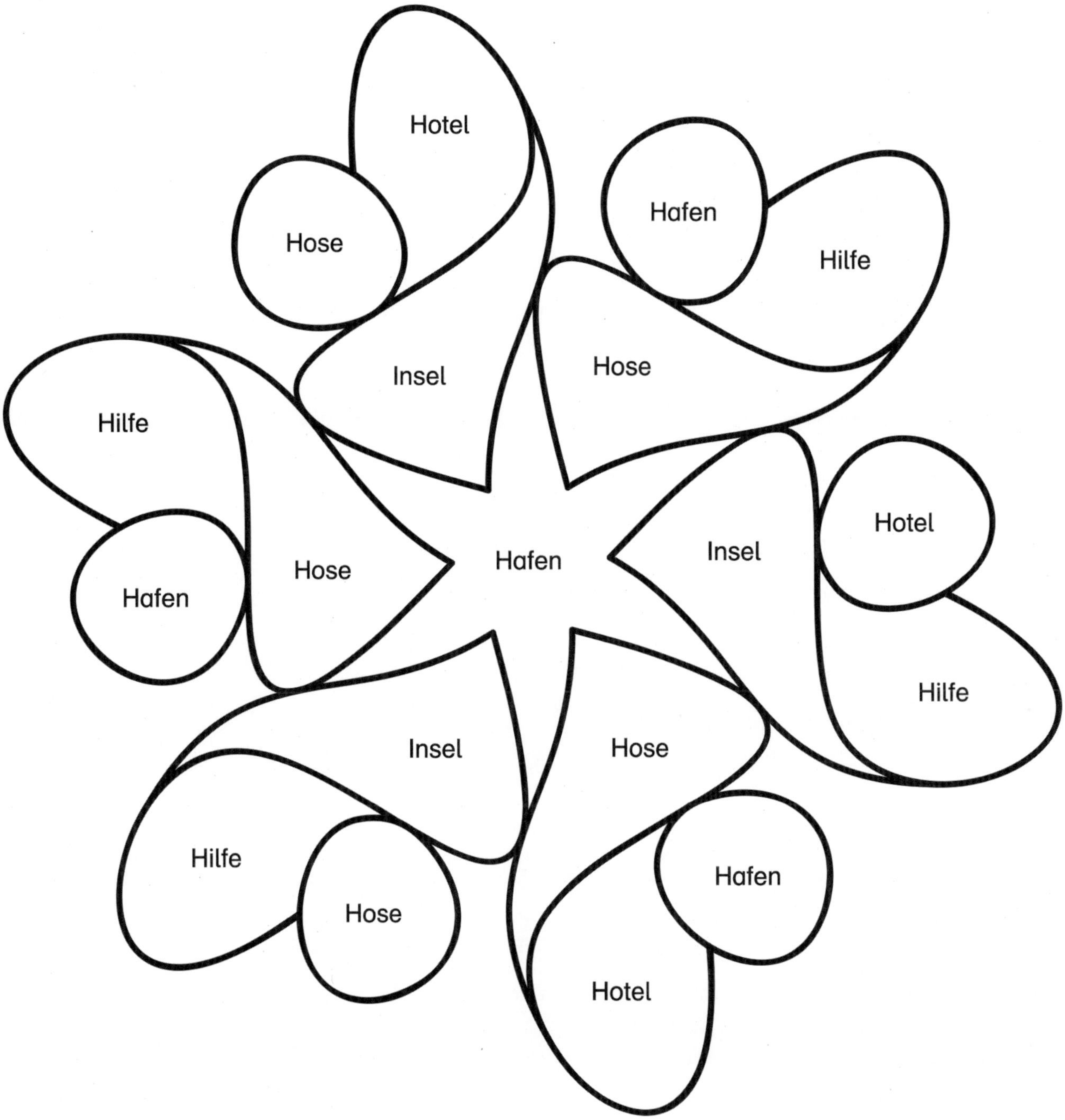

Hafen rot | **Hilfe blau** | **Hose grün** | **Hotel braun** | **Insel gelb**

Name: ______________________________________

Lies die Wörter.

Male die Felder richtig an.

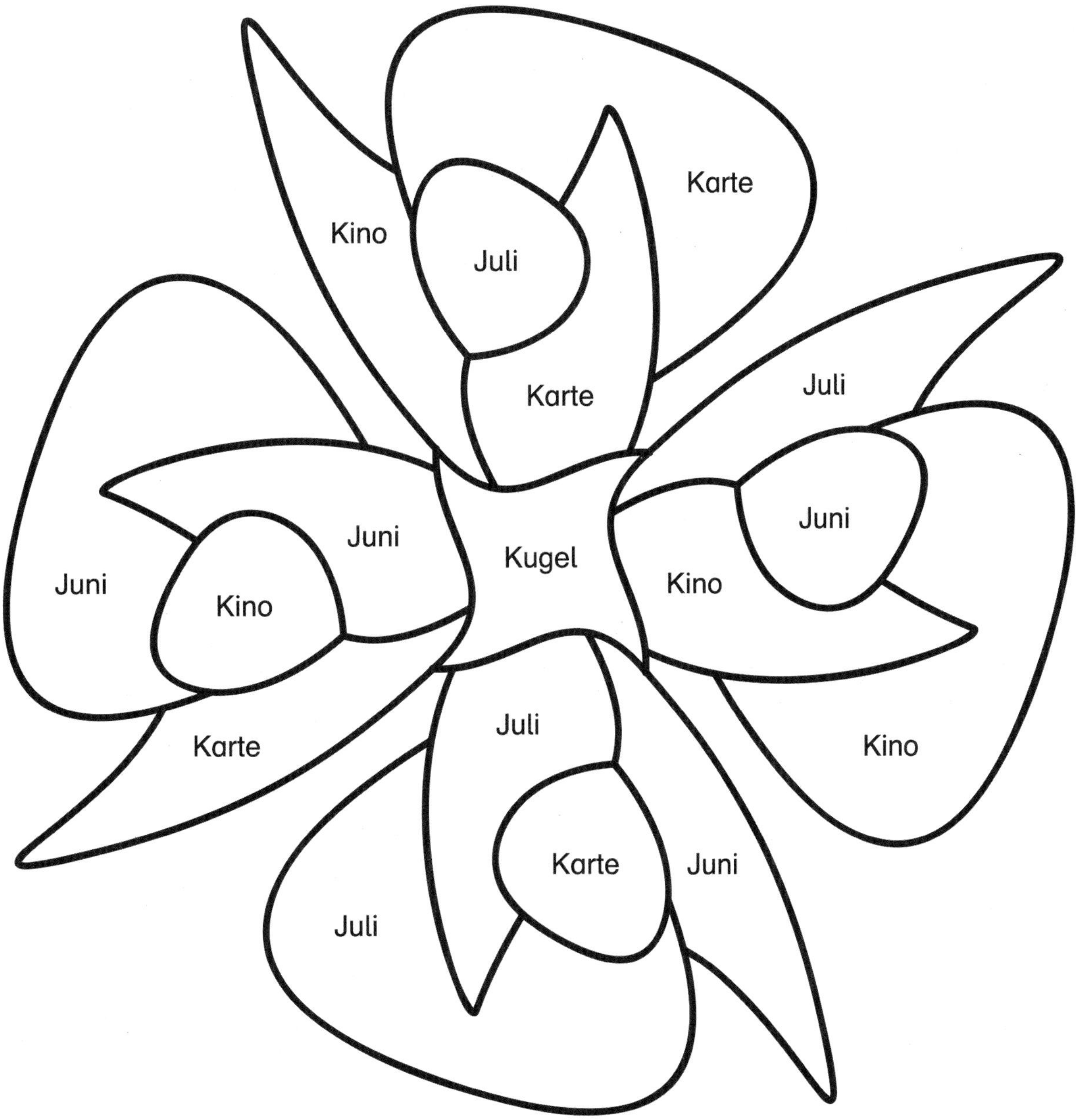

Juli rot | **Juni blau** | **Karte grün** | **Kino braun** | **Kugel gelb**

Name: ______________________________

Lies die Wörter.

Male die Felder richtig an.

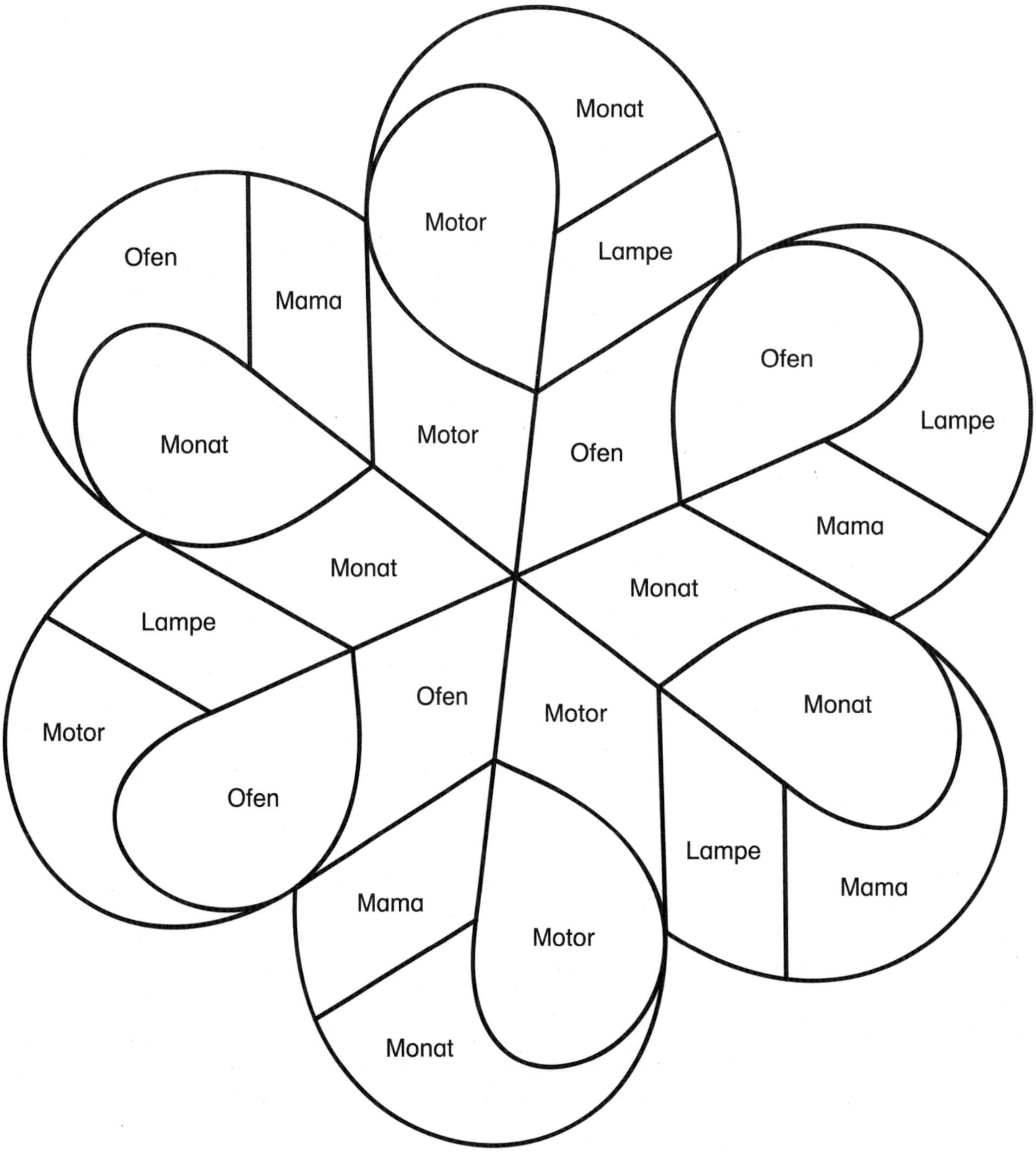

Lampe rot | **Mama blau** | **Monat grün** | **Motor braun** | **Ofen gelb**

Name: ______________________________

Lies die Wörter.

Male die Felder richtig an.

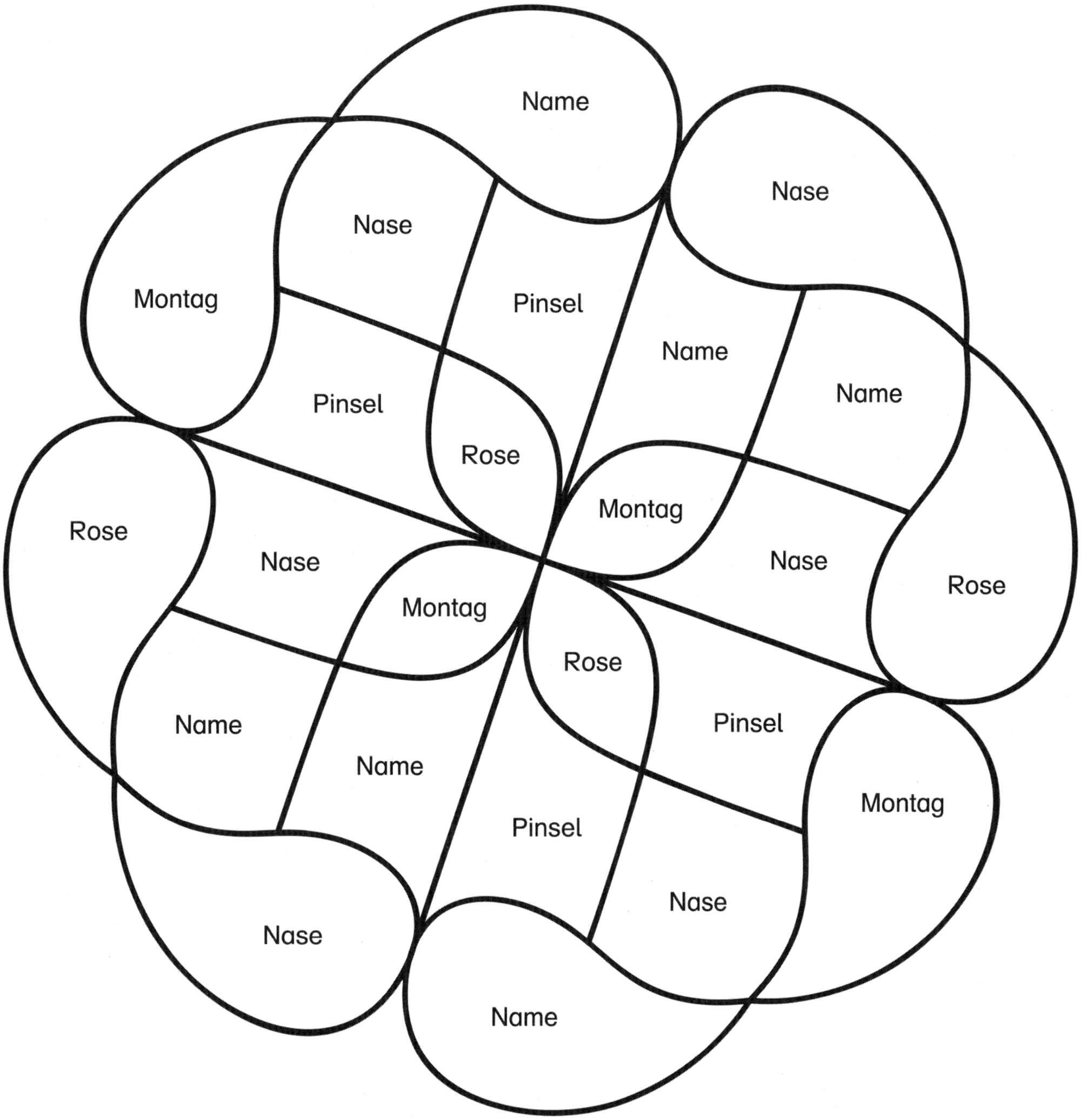

Montag rot | **Name blau** | **Nase grün** | **Pinsel braun** | **Rose gelb**

Name: ______________________________

Lies die Wörter.

Male die Felder richtig an.

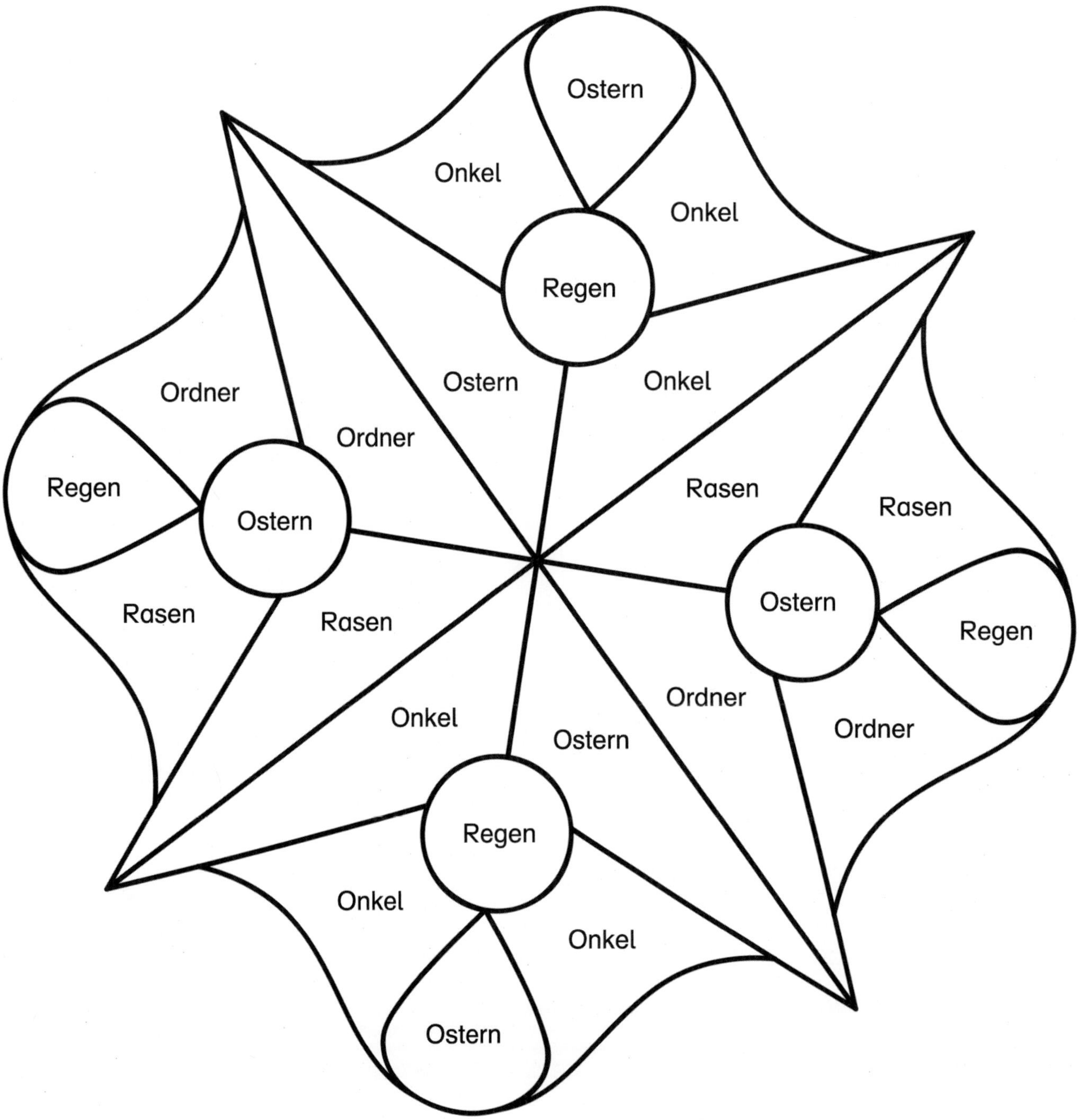

Regen rot	Ostern blau	Ordner grün	Onkel braun	Rasen gelb

Name: ____________________

Lies die Wörter.

Male die Felder richtig an.

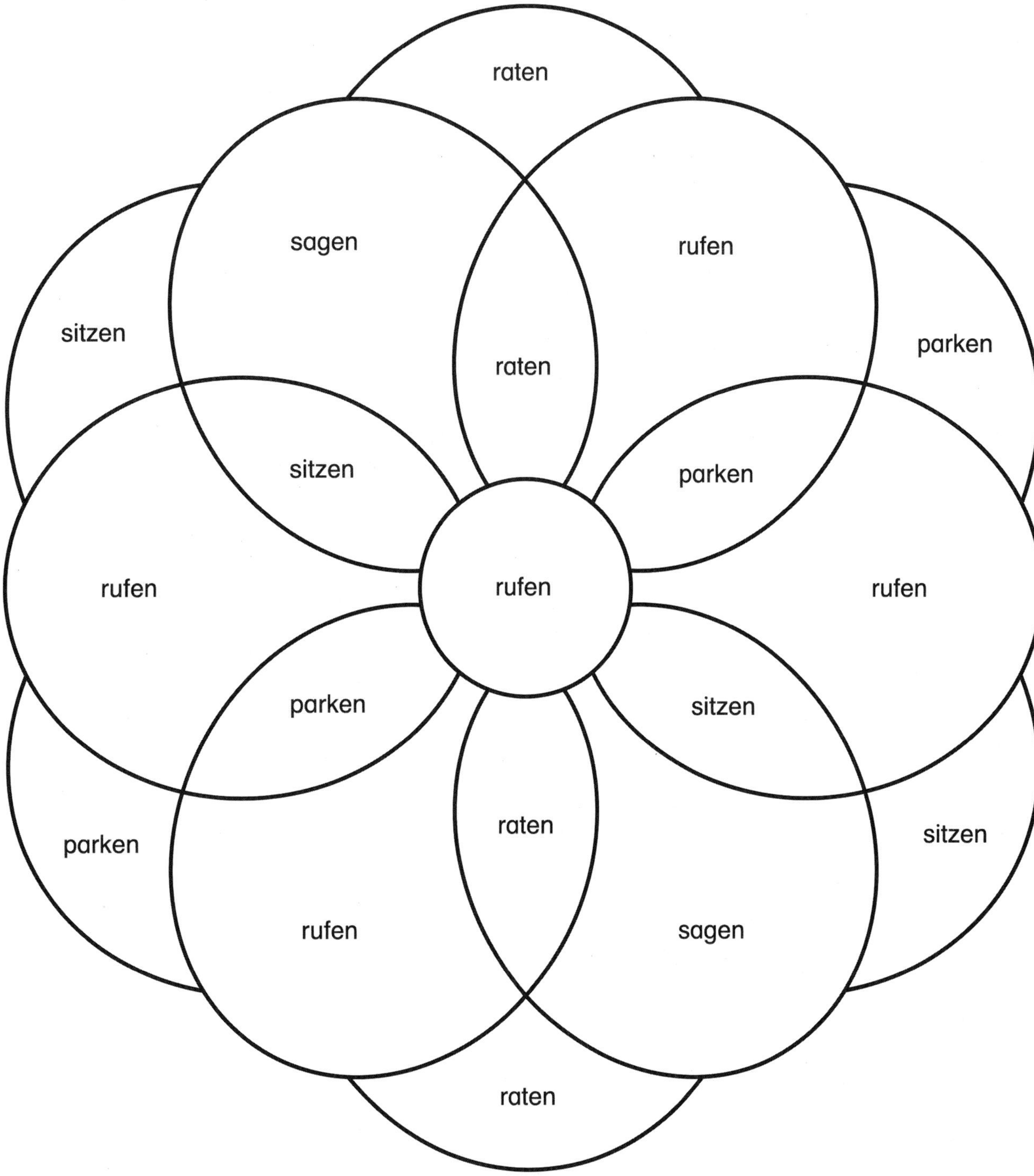

parken rot | **raten blau** | **rufen grün** | **sagen braun** | **sitzen gelb**

Name: ____

Lies die Wörter.

Male die Felder richtig an.

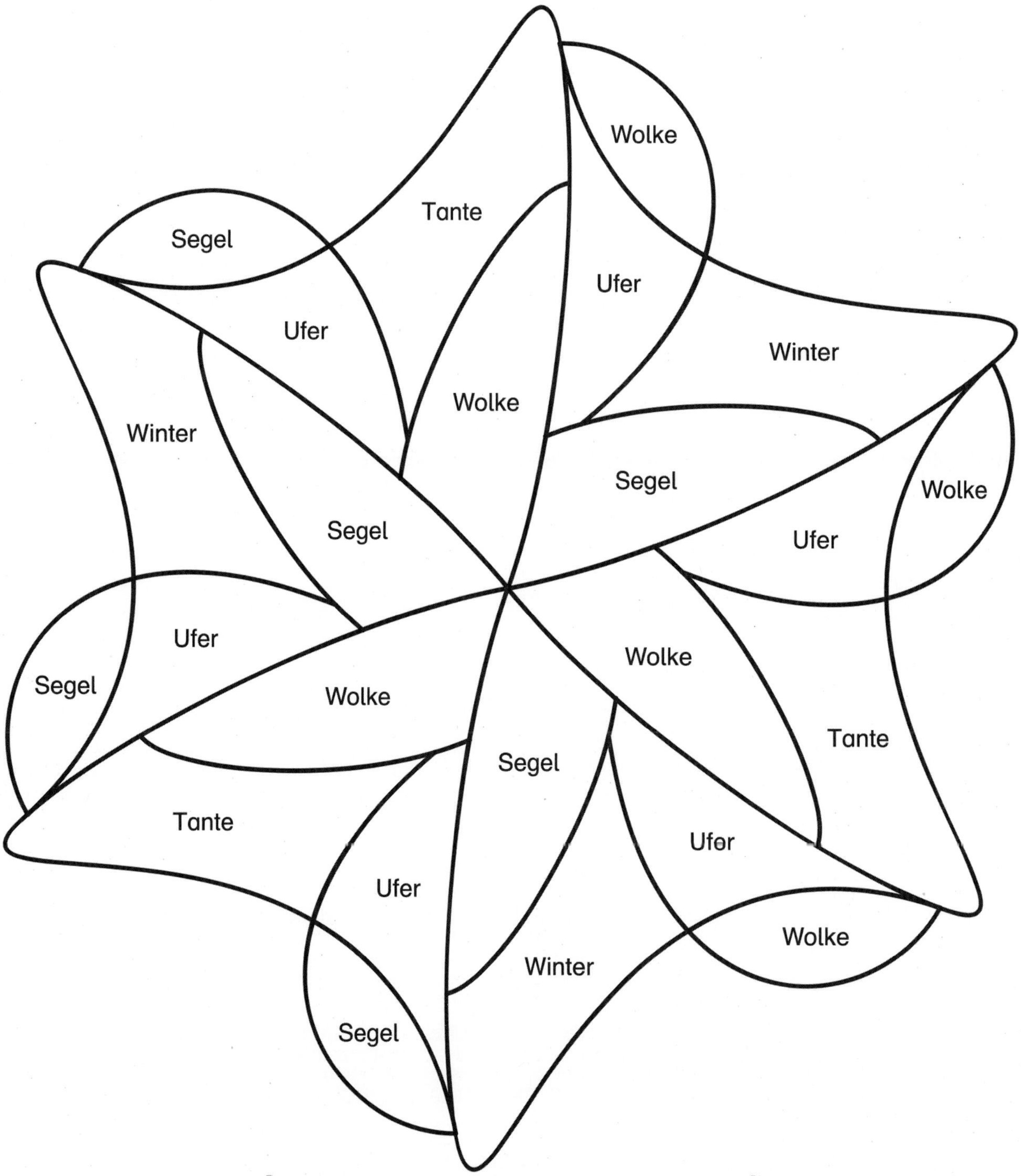

Segel rot | **Tante blau** | **Ufer grün** | **Winter braun** | **Wolke gelb**

Name: ____________________

Lies die Wörter.

Male die Felder richtig an.

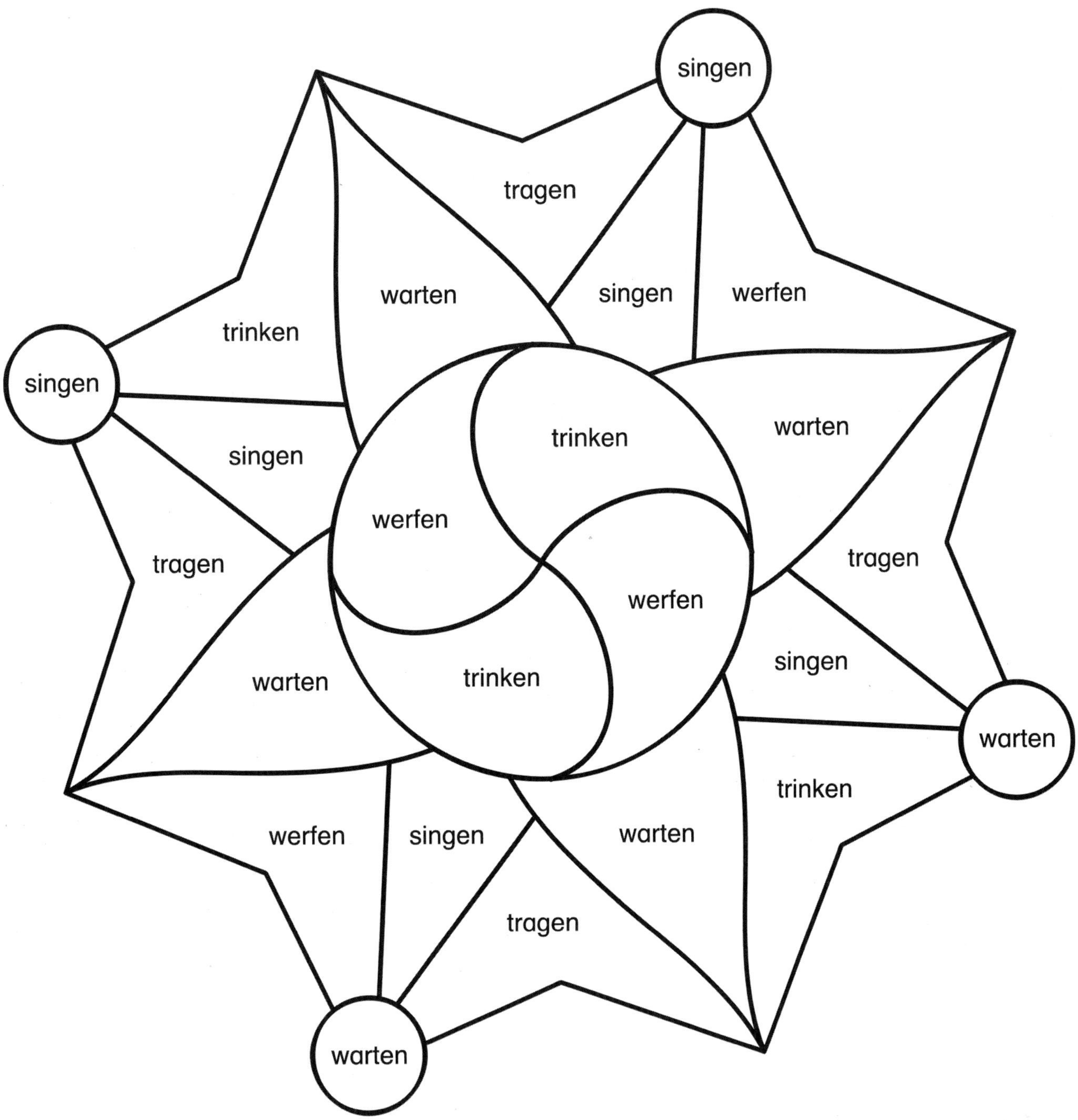

warten rot	werfen blau	trinken grün	tragen braun	singen gelb

Name: ______________________________

Lies die Wörter.

Male die Felder richtig an.

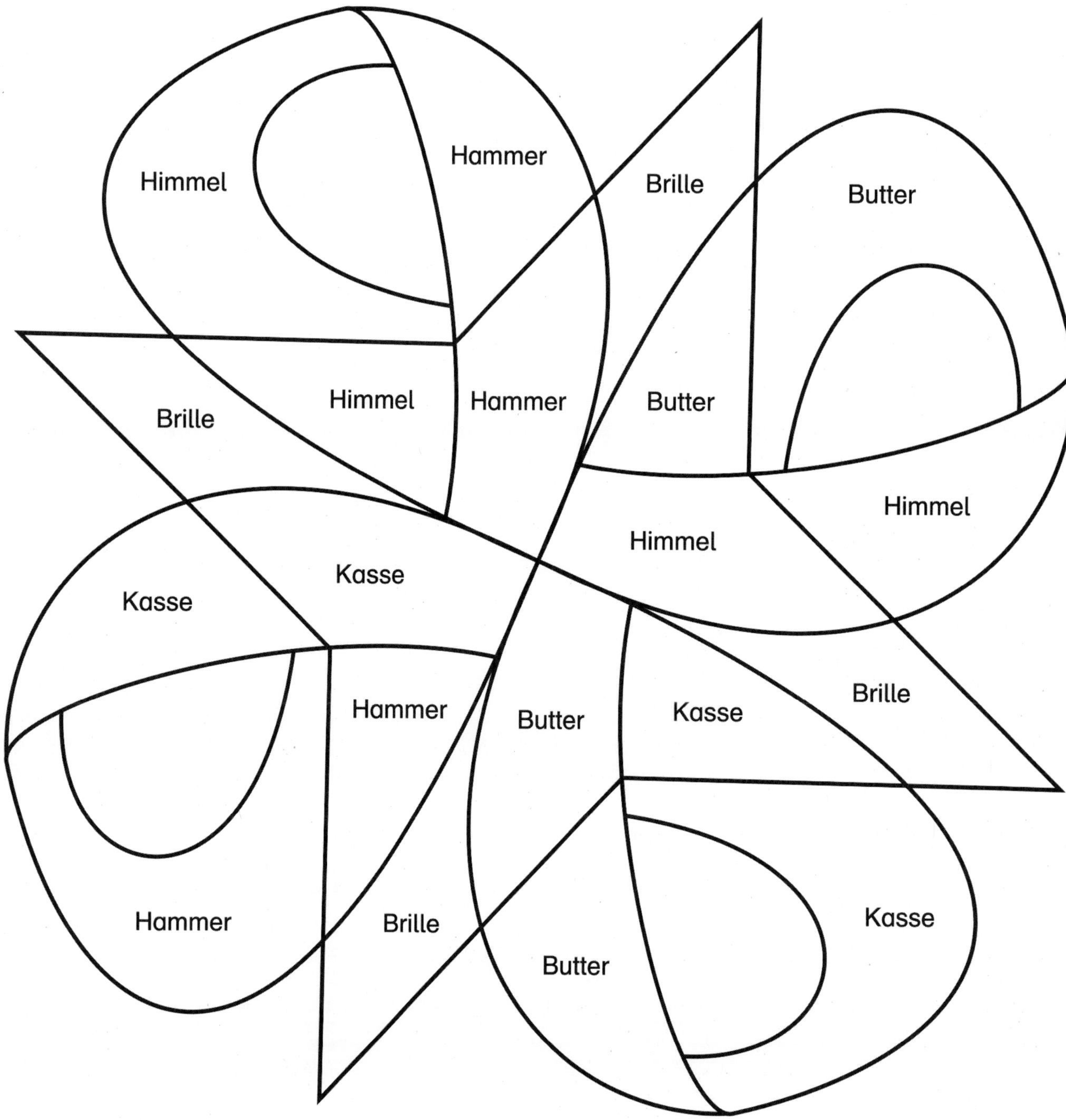

Brille rot | **Butter blau** | **Hammer grün** | **Himmel braun** | **Kasse gelb**

Name: ____________________

Lies die Wörter.

Male die Felder richtig an.

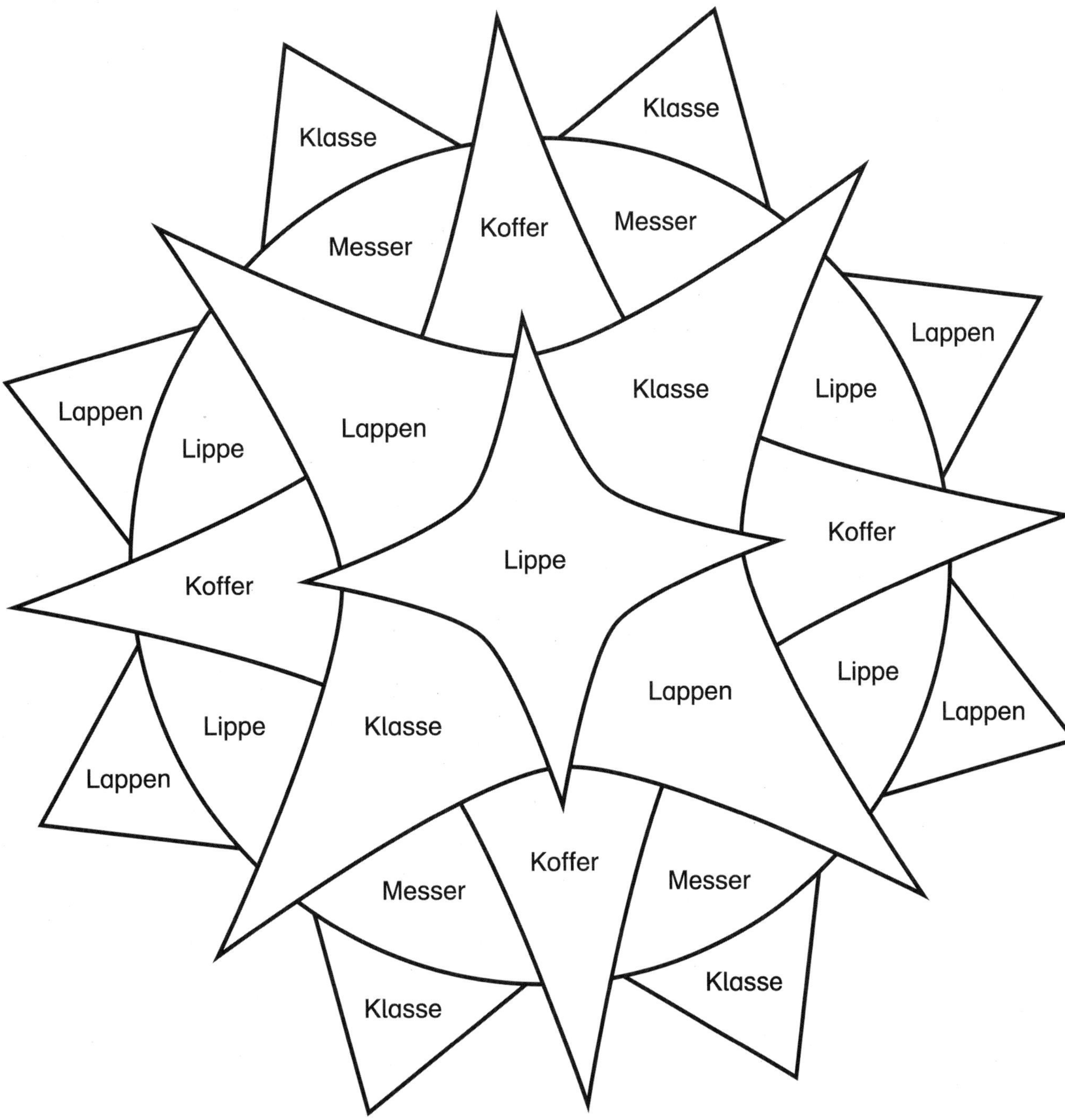

Klasse rot | **Koffer blau** | **Lappen grün** | **Lippe braun** | **Messer gelb**

Name: ____________________

Lies die Wörter.

Male die Felder richtig an.

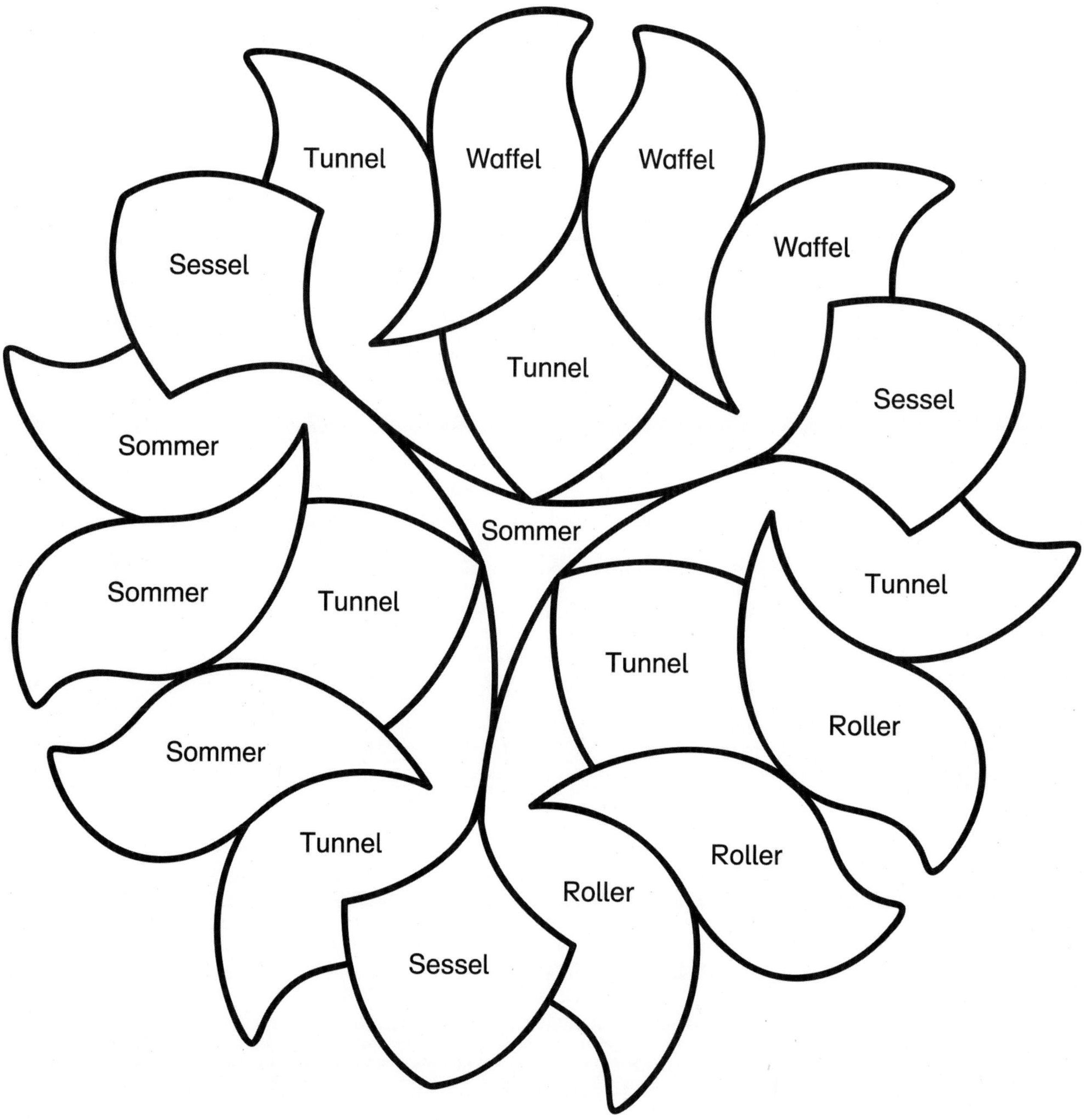

Sessel rot

Sommer blau

Tunnel grün

Waffel braun

Roller gelb

Name: ______________________________

Lies die Wörter.

Male die Felder richtig an.

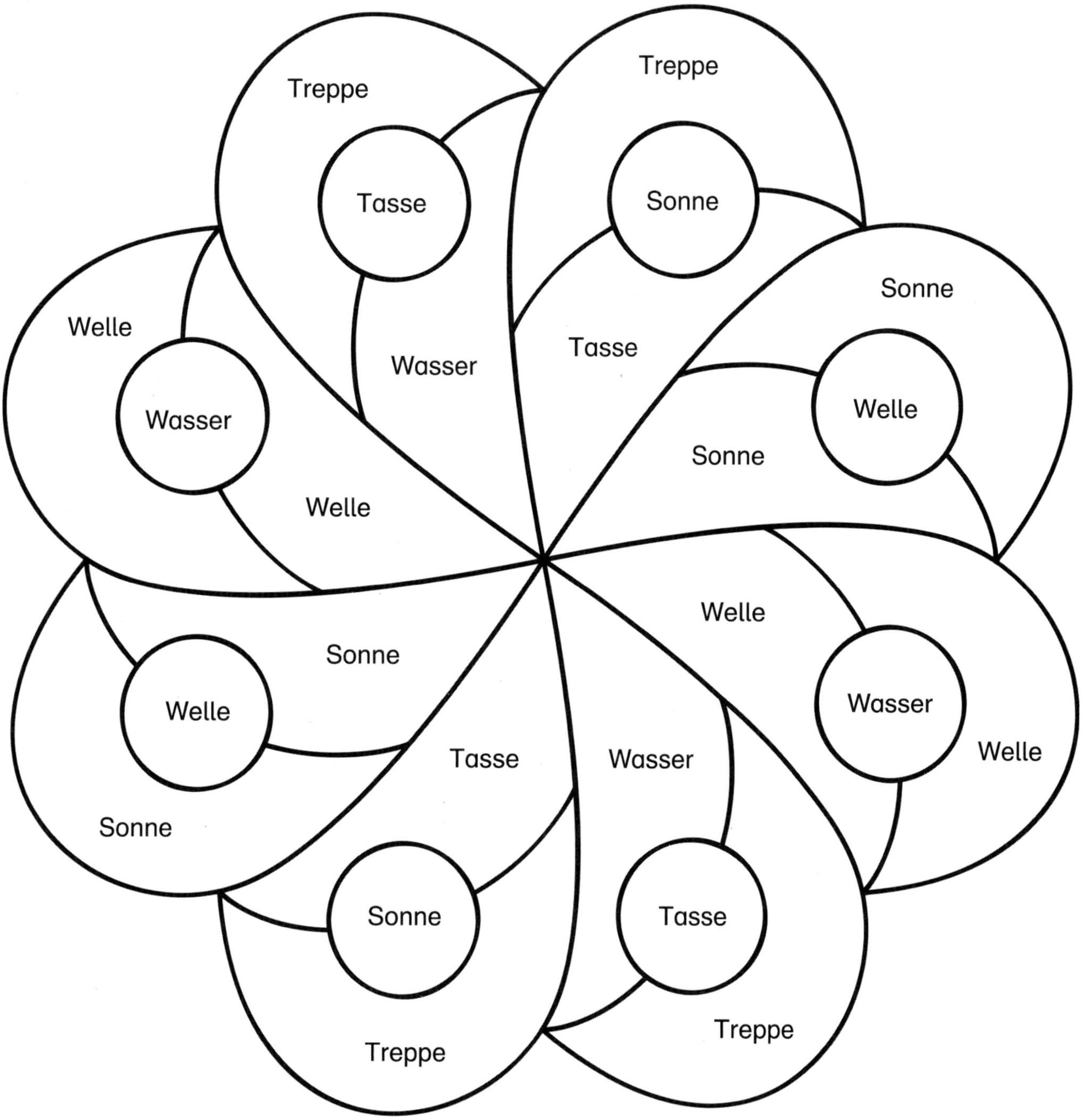

Wasser rot | **Welle blau** | **Sonne grün** | **Treppe braun** | **Tasse gelb**

Name: ______________________________

Lies die Wörter.

Male die Felder richtig an.

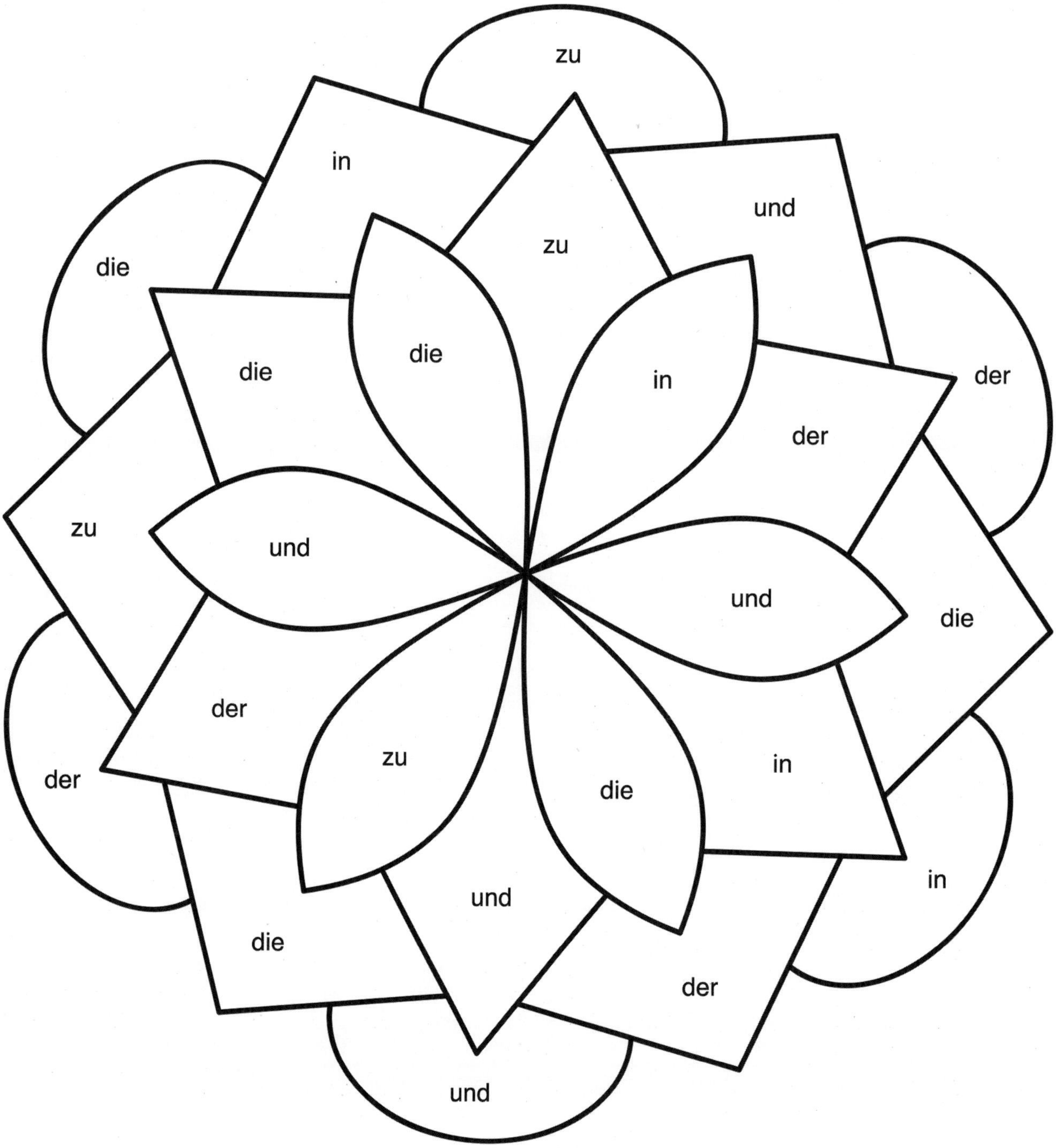

die	in	zu	und	der
rot	blau	grün	braun	gelb

Name: ______________________________

Lies die Wörter.

Male die Felder richtig an.

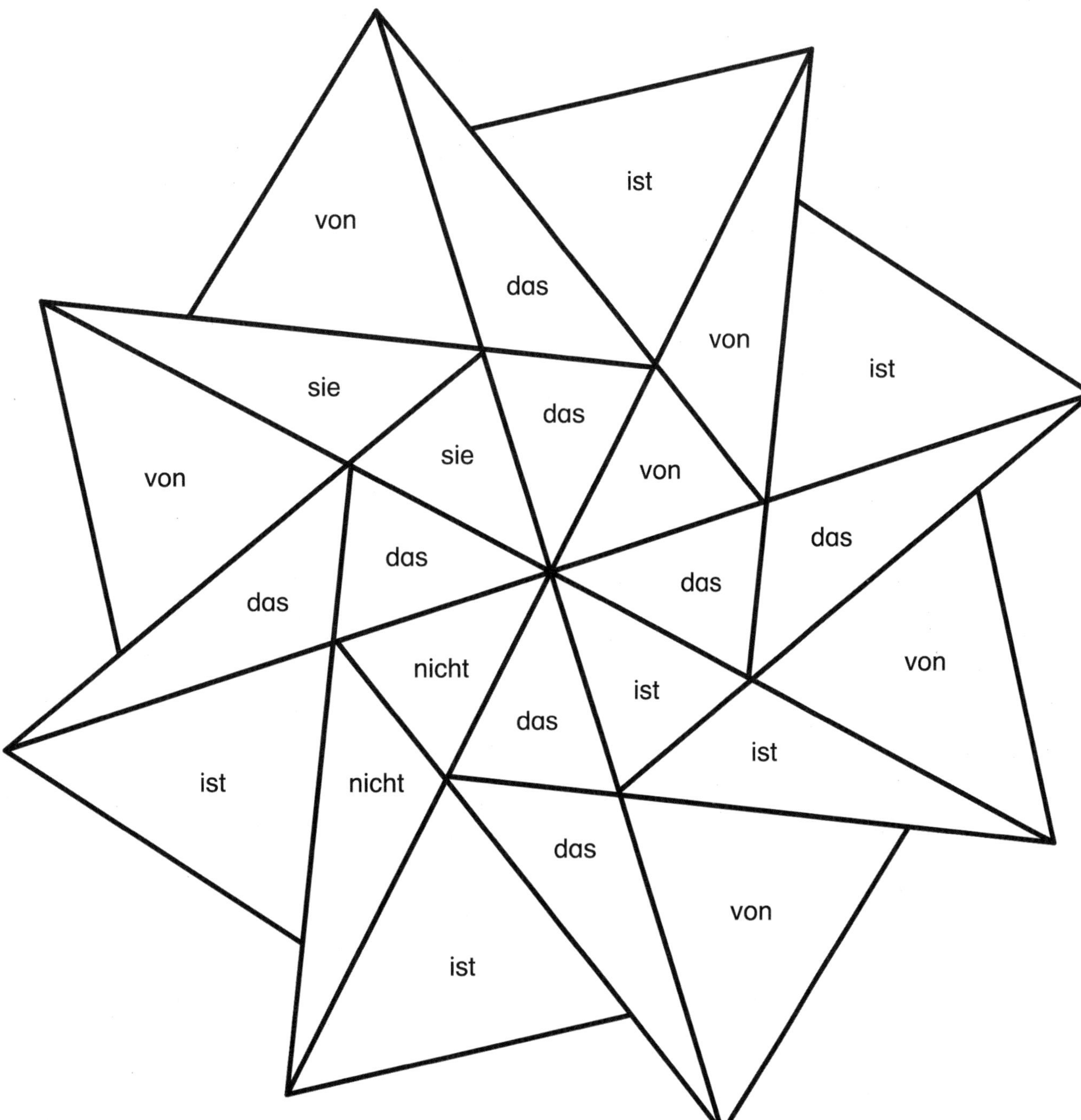

von rot

das blau

ist grün

sie braun

nicht gelb

Name: ______________________________

Lies die Wörter.

Male die Felder richtig an.

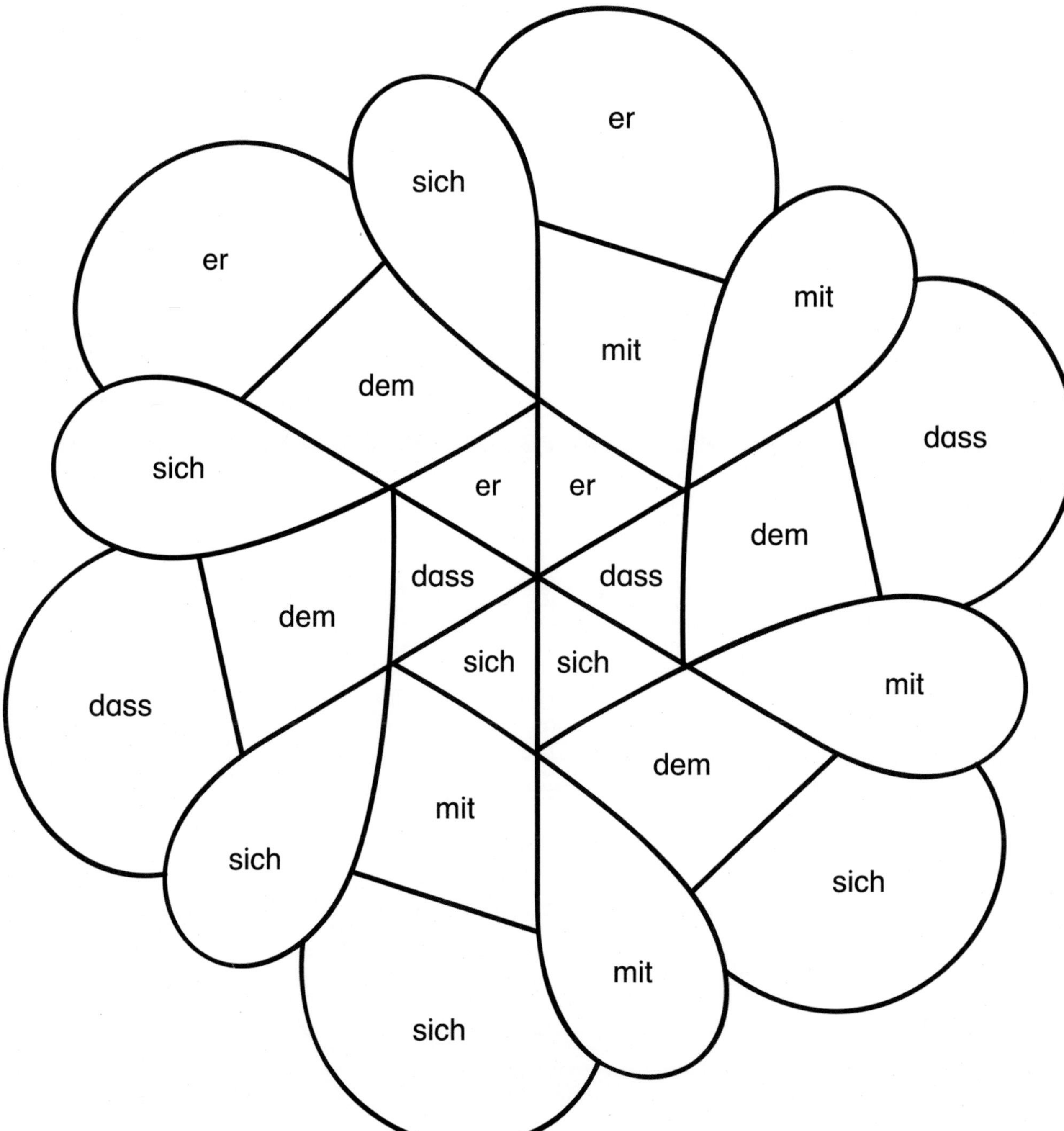

er rot

sich blau

dem grün

mit braun

dass gelb

Name: ____________________

Lies die Wörter.

Male die Felder richtig an.

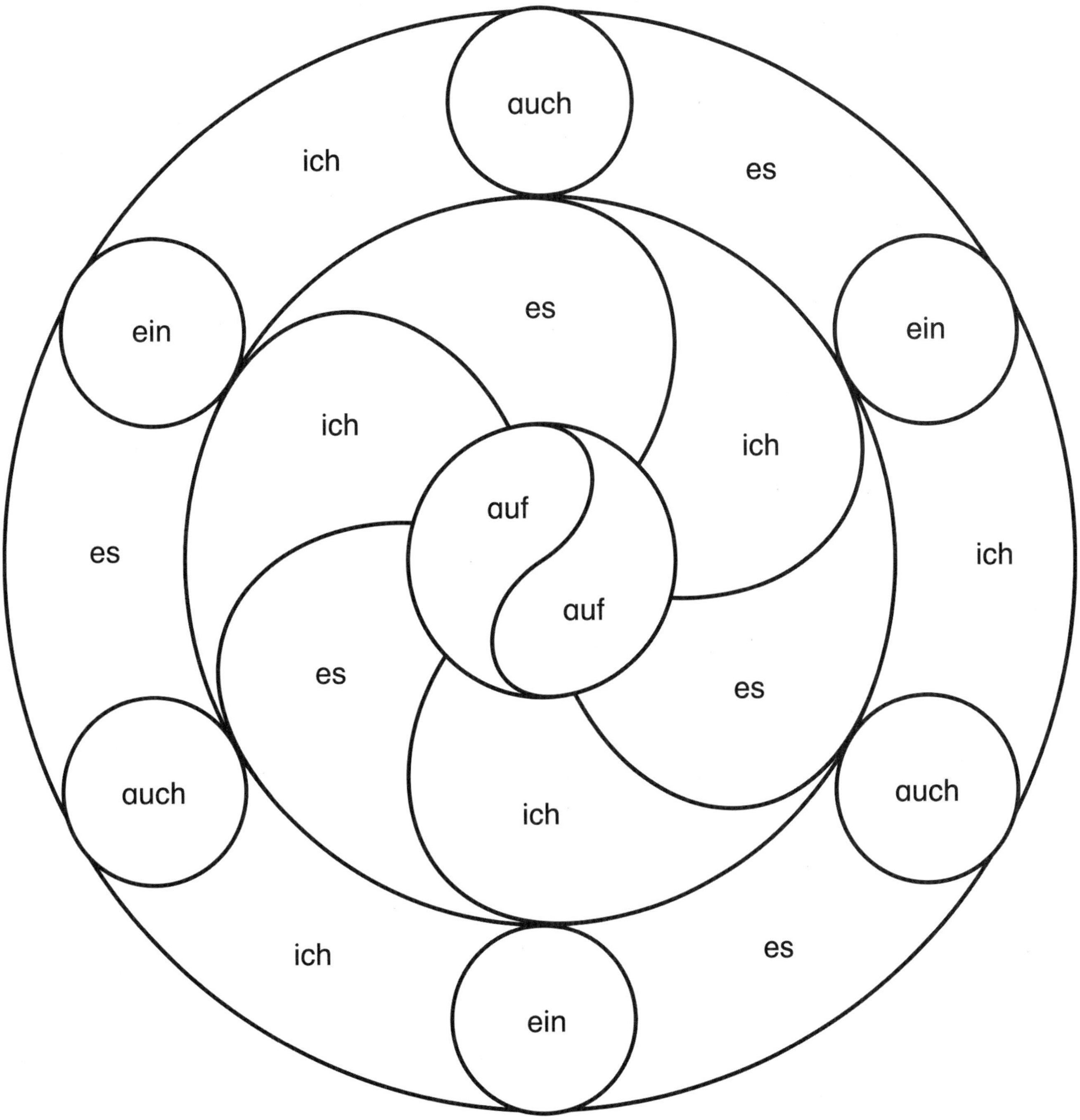

auch rot | **ich blau** | **es grün** | **auf braun** | **ein gelb**

Name: ____

Lies die Wörter.

Male die Felder richtig an.

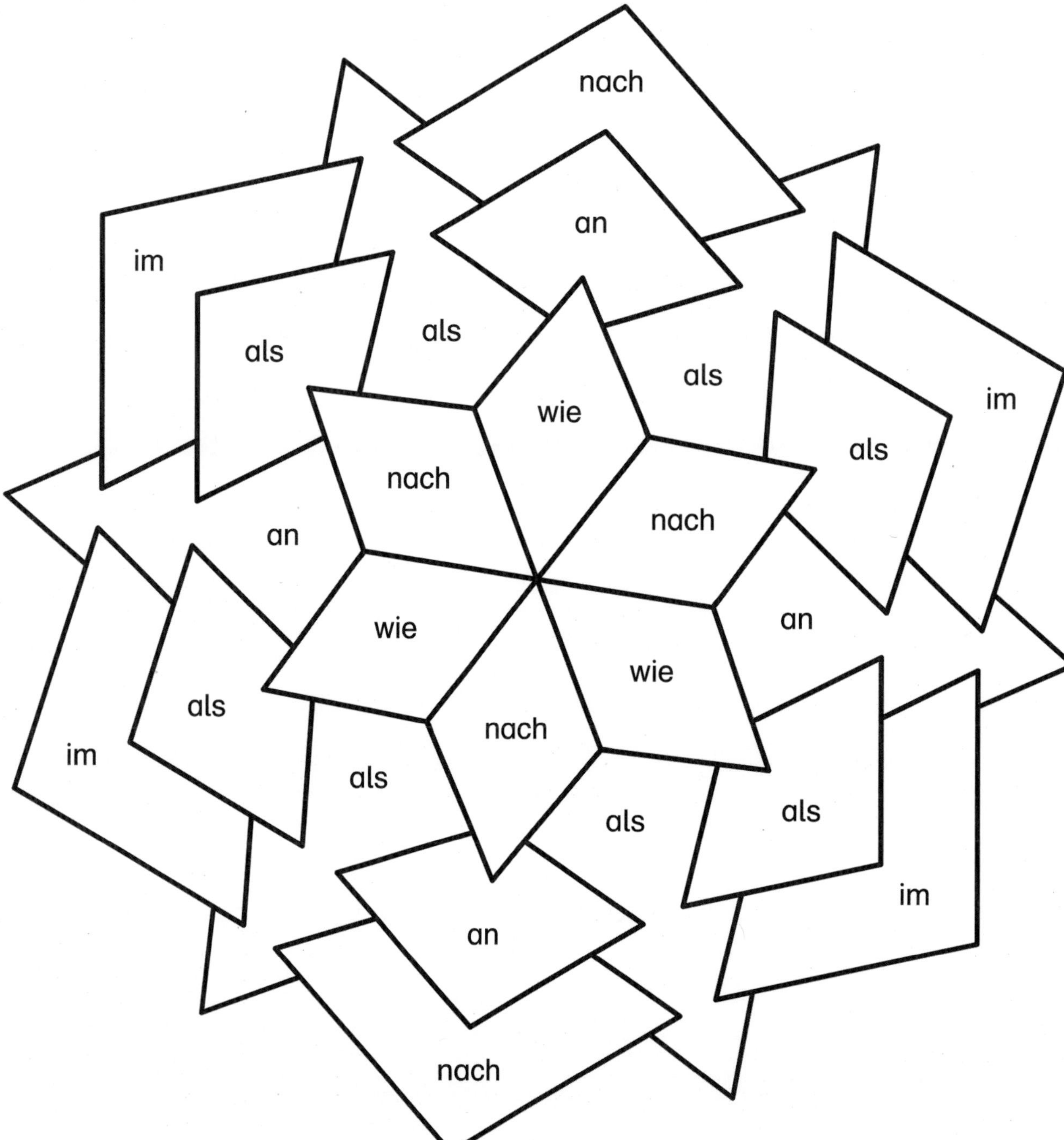

im **rot** | **als** **blau** | **an** **grün** | **nach** **braun** | **wie** **gelb**